나의 인물관

이케다 다이사쿠

중앙일보s

목차

제1장

간디의 혼과 실천

GANDHI

마하트마 간디(1869~1948) 변호사이자 비폭력 불복종 등을 외친 민족해방운동 지도자. '위대한 정신'이란 의미의 '마하트마' 경칭을 부여받음.

1977년 1월, 월간 〈우시오〉에 게재된 내용입니다.

내가 인도를 방문한 때는 1961년이었다. 끝없이 광대한 풍토와 영원을 상기시키는 시간의 발자취가 그곳에 있었다. 현대를 새기는 시간뿐 아니라 수천 년이라는 시간의 흐름이 생생하게 다가왔다. 하늘과 땅이 맞닿은 곳에 유구한 갠지스강이 흐르고, 여기저기에 가난한 사람들이 서로 어깨를 맞대며 살아가는 마을이 있었다.

나는 이런 풍경 앞에 서서, 별과 태양과 대화하는 시성(詩聖) 타고르의 숨결을 느꼈다. 그러나 동시에 그 속에서 인구 증가와 빈곤의 밑바닥에서 살아가는 대중의 모습을 보고 간디의 고투를 떠올리지 않을 수 없었다.

마하트마 간디. '위대한 혼의 간디'는 타고르가 지어준 이름이라고 한다. 인도의 대중에게 실로 정신적 지주였음을 상징하는 동시에 차별 타파라는 현실적 투쟁을 '혼(魂)'으로 추진한 철학자의 실천을 아낌없이 칭송한 것이리라.

예를 들어, 간디의 저항운동 중 하나로 단식이 있다. 무기를 소지하지 못하는 계층이 쓸 수 있는 효과적이면서도 비참한 이 방법은 그가 선호했던 형태 중 하나이지만, 이는 단순한 '저항'에 그치지 않는다. 그의 말을 빌리자면 '적의 결점을 찌르면서 동시에 적의 장점과 양심을 뒤흔들기 위해서'였다.[1] 상대방에게 생명의 엄숙한 존귀함을 인식시키고, 혼의 깊은 곳에서부터 합의를 이끌어내려는 방법이었다.

철학이 없는 운동은 아무리 첨예하게 보일지라도 얕은 감정의 갈등과 잔혹한 항쟁을 가져오며, 덧없는 영화(榮華)와 공허한 폐허만 남길 것이다. 또 실천을 동반하지 않는 사상은 아무리 화려하고 장엄하게 보여도 현실의 험난한 고난에서 야간(野干, 여우의 한 종류)의 먼 울음소리에 불과하다. 나는 간디의 생애가 위대한 요인 중 하나는 진리를 끊임없이 추구하는 철학의 '혼'과, 그것을 시(詩)로 끝내지 않은 행동의 '땀'이 아름답게 융합된 데 있다고 본다.

간디의 운동은 비폭력에 따른 불복종 저항이다. 그는 폭력에 따른 저항은 희생과 자기파멸만 가져온다는 사실을 알고 있었다. 육식도 끊은 간디의 삶과 정반대인 폭력적인 저항은 그야말로 극과 극이었다. 간디의 단식과 행진은 누구라도 절대적인 불복종을 위해 감옥에 들어가겠다고 결심하게 만들었다. 그는 모든 평화적 수단을 동원했다.

오늘날 핵을 행사하는 것도 서슴지 않는 힘의 국제정치 무대에서 간디의 그러한 행보는 분명 무저항 그 자체로 보일 것이다. 아무리 저항해도 유린당할 뿐 아닌가. 허황되고 유치한 저항놀이라고 온갖 비난을 하는 사람들도 있었으리라. 그러나 간디는 비폭력으로 저항하는 것이 가장 강한 자의 방법이라고 믿고 있었다.

간디의 이 투쟁은 1893년, 그가 스물세 살 때 변호사 업무를 위해 남아프리카공화국으로 가는 도중 시작됐다. 차별대우가 심한 땅에서 청년 변호사는 마차에 올라타다 마부에게 구타당해 떨어질 뻔했다. 폭력으로 대항하지 않고 마차의 손잡이를 필사적으로 붙잡아 마침내 마차에 올라타는 데 성공했다.

남아프리카공화국에서는 과도한 세금과 인간을 인간으로 여기지 않는 태도로 인도인에 대한 차별이 지속됐다. 변호사로서 다양한 분쟁을 더듬거리는 말투로 해결하고 인도로 복귀하려던 간디는 출발 전날, 갑자기 마음을 바꿔 해방을 위해 그곳에 머무르기로 결심했다. 그로부터 20년간 끈질긴 투쟁을 시작했다.

투옥되기를 네 차례. 감옥생활과 단식투쟁을 하고 농장(운동의 거점이자, 교육의 장이기도 했다)에서 기관지 〈인디언 오피니언〉을 집필하면서 보낸 20년이었다. 적에게는 집요한 압박과 학대를 당하고, 과격파에겐 미온적인 타협파로 적시 당하면서 때때로 목숨까지 위협받는 인고의 20년이기도 했다.

1914년 승리가 찾아왔다. 머나먼 산과 강을 넘은 끝에 마침내 붙잡은 '무지개'였다. 그러나 그것은 '모국' 인도에서 벌인 더 큰 투쟁의 전

초전에 지나지 않았다.

이후 1948년, 한 힌두교도가 쏜 세 발의 흉탄에 쓰러지기까지, 다시 한번 그의 치열한 투쟁이 시작됐다. 영국 정부에 압박받는 인도 국민의 해방을 위한 싸움은 그가 죽기 한 해 전, 인도 독립을 통해 어느 정도 결말을 맞이한다. 참으로 값비싼 대가를 치른 독립이었다.

제2차 세계대전이라는 피할 수 없는 강력한 폭풍 아래, 간디의 불복종 운동은 한 척의 작은 배에 불과했다. 인도 자체도 전쟁에 참전할 수밖에 없었고, 전시하에 자유 획득을 외치던 그의 시위대도 단 4개월 동안에 1만 명이나 희생됐다. 슬프게도 비폭력은 전쟁과 탄압이란 폭력에 너무나 쉽게 짓밟혔다.

그러나 어쨌든 인도는 중앙정부를 수립하고 1947년 독립을 쟁취했다. 간디는 사람들로부터 '인도 민족의 스승'이라 불리게 됐다. 그러나 그는 기념식에 참석하지 않았다. 메시지조차 보내지 않았다. 왜냐하면 빛나는 민족 독립의 그늘에는 인도와 파키스탄의 분열이라는 가장 슬픈 사실이 숨어 있었기 때문이다.

이것이 대략적으로 훑어본 간디 생애의 발자취다. 그 발자취가 그대로 간디라는 한 사람의 됨됨이를 나타내는 것 같다.

간디의 비폭력 불복종 운동론은, 폭력은 악(惡)이고 비폭력만이 진리라는 인식에 서 있던 것이 분명하다. 그러나 거기에만 머무는 것이 아니다. 비폭력 불복종이 폭력을 이길 수 있다는 강력함을 믿었기 때문에 이 방법을 택한 것이다.

그렇다면 비폭력은 폭력을 이겼을까? 남아프리카공화국에서는 승리했으나 인도에서는 반드시 그렇다고 할 수 없다. 또 간디 개인의 인생에서는 총탄이란 폭력에 패배한 것처럼 보인다.

그러나 이때는 유효했고, 그때는 무력했다는 식의 근시안적인 시각은 정확한 핵심을 찌르지 못한다. 그와 같은 견해는 간디에게 비웃음을 살 것이다. 좀 더 인류사를 폭넓게 조망하는 전체적인 안목으로 통찰해야 하지 않을까.

비폭력 불복종 운동론은 역사가 시작된 이래 가장 대규모 운동으로, 이에 대한 탄압도 심했다. 처음에는 조롱하고 그다음에는 다루기 어려워 하다가 마침내는 이성을 잃고 탄압하려는 반발 세력과 벌이는 형용할 수 없는 난전(難戰)의 연속이었다.

어떤 의미에서 무기를 들고 저항하는 것은 쉬운 일이라고도 할 수 있다. 무력을 사용하는 것도 고난과 비참 그리고 인내를 요하는 싸움일 것이다. 그러나 무기를 가진 상대에게 무기 없이 이긴다는 것은 더 어려운 일이다.

간디는 여러 차례 죽을 고비를 뚫고 살아났다. 그 격렬한 단식 항전을 통해 그는 죽음 속에서 진리의 검을 내밀었던 것이다. 그에게 한 개인의 삶에 집착하는 패도(覇道)의 이기심은 추호도 없었다. 죽음의 문턱에서 바라보는 필사적인 눈은 오만한 권력자를 동요시켰다.

간디가 악법에 항의하며 단식에 들어갈 때마다 온 인도는 숨을 죽이고 그 추이를 지켜보았다고 한다.

그 지고한 성의가 저항운동에 불을 지펴 폭발적인 파동을 일으켰다. 이런 전례 없는 강인함이 있었기에 비로소 가능한 일이 됐다. 비폭력 저항을 비웃는 사람들은 자신의 죽음을 각오하고 온몸으로 전 인민의 방패가 되고자 했던 숭고한 영혼을 비난할 수 있겠는가. 나는 절대로 할 수 없다.

현대 세계의 지도자 중 실제로 스스로를 죽음에 이르게까지 한 사람이 있을까. 죽음을 입에 담고 비장한 포즈를 취하는 사람은 있을 것이다. 그러나 간디의 한마디가 지닌 천근의 무게에 비하면 경박한 비난을 면치 못할 것이다. 더군다나 자신의 출세에 혈안이 된 권력자는 더 말할 나위도 없다. 그런데도 현실 정치의 무대에 이러한 측은한 무리들이 넘실대는 것은 어찌된 걸까.

무력으로 쌓은 영화는 반드시 멸망할 수밖에 없다. 그러나 혼으로 쟁취한 혁명은 결코 멸망하지 않고 사람들의 가슴에 이글거리는 등불을 계속 켤 것이다. 간디는 인도 땅에서 전 세계를 바라보고 있었다. 그리고 항상 세계의 벗에게 말을 걸었다. 아니, 영원이란 시간의 흐름까지도 멀리 내다보고 있었던 것은 아닐까.

의식 변혁의 물결은 뒷걸음질치지 않는다. 일단 깨어난 정신은 더 이상 잠들지 않기 때문이다. 간디의 혼으로 이룬 평화를 향한 투쟁은 약하고 희미한 한줄기 빛으로 끝났을지도 모른다. 그러나 머지않아 도도한 인간 복권(復權)의 운동이 넓혀질 때 희망의 태양빛으로 역사는 틀림없이 평가할 것이다.

그러기 위해서는 어느 나라, 어느 민족에서든 언어, 풍습 등의 벽을 뛰어넘어 새로운 간디가 나와야 한다. 절대로 폭력을 사용하지 않고 문화의 힘으로 사람들을 일깨워 평화롭게 하는 것이야말로 그가 가장 고대하는 일임에 틀림없다.

물론 간디에게도 단점이 없는 것은 아니다. 기계문명을 무시하려 했고, 정책으로도 완벽했다고는 할 수 없다. 특히 내가 그에게 가장 아쉬운 부분은 후계자가 너무 적었다는 점이다. 이는 간디 자신의 삶과도 관련이 있지 않을까.

간디의 삶은 수도승 그 자체였다. 철저히 육식을 끊었고, 생활은 한

점 결함도 없었다. 아내와 잠자리도 끊었다고 한다. 그 정신력에 경의를 표하지 않는 사람은 없을 것이다. 그러나 반대로 말하면 간디의 생활신조가 인도 사람들에게 존경심과 함께 일종의 답답함을 주지는 않았을까 하는 생각이 든다.

《삼국지》에 나오는 제갈공명은 천재적인 전략가였고, 주군에게 충성을 다했다. 그러나 촉나라는 위나라에 패하고 만다. 왜냐하면 후계자가 없었기 때문이다. 제갈공명이 너무 완벽했고, 제자에게도 그러기를 바랐다.

어느 면에서 간디의 완벽주의는 제갈공명과 닮았다고 할 수 있다. 의지가 강한 친구는 간디와 행동을 함께했다. 그러나 대부분의 사람은 그를 진심으로 존경했지만, 도저히 저렇게는 될 수 없다는 감정을 함께 가졌음에 틀림없다.

인간은 나약한 존재다. 이기심을 완전히 버릴 수도 없다. 그런 대중과 같은 인생길을 걸으며 '반걸음' 앞서 걷는 것도 필요하지 않을까. 전 인류를 간디처럼 만들 수 있었다면 간디는 모든 싸움에서 승리했을 것이다. 내 신조는 '얼마나 많은 사람을 리더로 성장시킬 것인가, 나 이상으로 육성할 것인가'를 가장 간절히 염원하며 후배 육성에 임하는 것이다.

그러나 이러한 일종의 약점이 간디의 인생 가치를 결코 낮추지 않는다. 생명을 더없이 존귀하게 여긴 신조는 인간을 진실로 인간이라 부를 만한 가치 있는 존재로 만드는 토대이고, 그 운동은 인간다운 운동의 첫걸음이었다고 깊이 찬동하며 호소하는 바이다.

동양의 땅에서 자라난 작은 사상의 싹은 언젠가 세계를 뒤덮는 거목이 돼 진정한 '인간의 세기'를 이룩하리라는 것을 믿어 의심치 않으며, 이것이야말로 인류의 가장 존귀한 보물이라고 생각한다.

흉탄에 쓰러진 간디의 혼은 영원히 인간주의를 지향하는 사람들의 가슴속에 살아 숨쉴 것이다.

TOLSTOY

레프 톨스토이(1828~1910) 러시아 문학을 대표하는 대문호. 《유년시절》, 《소년시절》, 《청년시절》,
《전쟁과 평화》, 《안나 카레니나》 등을 집필해 세계적인 명성을 얻음.

1977년 2월, 월간 〈우시오〉에 게재된 내용입니다.

세계에서 가장 좋은 얼굴을 하고 있는 사람은 톨스토이가 아닐까. 그것도 청년 시절이 아니라 노년의 얼굴이 더 그렇다.

잘생겼다든가 다정하다는 말이 아니다. 남자답고, 날카롭다는 것도 아니다. 말하자면 '풍설(風雪)을 겪은 얼굴'이라고 해야 할까. 얼굴은 사람의 됨됨이를 무언중에 말해준다. 인간적인 깊이가 있는 얼굴을 만나기는 드물다. 톨스토이는 그 보기 드문 얼굴의 소유자다. '좋은 얼굴'이라는 생각이 들어, 어느새 매료된다.

풍설에 좌절하는 사람이 있다. 고뇌에 비뚤어지는 사람도 있으리라. 고생에서 도피하는 사람도 많을 것이다. 마음고생이 얼굴에 새겨지기는 해도, 풍설을 이겨낸 중후함이 빛나는 경우는 드물다.

톨스토이는 몇 살이 됐든 자신과 격투를 벌인 사람이다. 진리 탐구에 정면으로 맞선 인생이었다. 본성을 알기 힘든 인간이라는 거대한 산과 자기 자신이라는 암벽을 마주하며 바로 정면에서 정상을 목표로 등반한 사람이었다. 내가 톨스토이에게 호감을 갖는 이유 중 하나는 강인한 정신으로 난관에 굴하지 않고 목숨 걸고 도전한 결연함에 있다.

온갖 고뇌를 불평불만이나 허무함으로 방관하거나 도피하지 않고, 왕성한 생명력으로 감싸안아 그것을 정화하며 승화하려는 무언(無

릅)의 무언가가 그 얼굴에 숨쉬고 있다. 노년의 톨스토이 얼굴을 볼 때마다 나도 이렇게 늙어가고 싶다는 생각이 든다.

톨스토이의 정신 편력은 작품 속에 고스란히 드러난다. 그의 작품은 전부, 말하자면 '자서전'이기 때문이다. 자신이 직접 느끼고 파악한 곳에만 진리가 있고, 그것을 말로는 표현할 수 없다고 생각했기 때문인지도 모른다.

톨스토이의 여러 작품을 들여다보면 거기에는 일관된 관점이 나타난다. 끝없이 '인간'을 응시한 작업이라는 점이다. 러시아 전역을 뒤흔드는 전쟁을 배경으로 그린 《전쟁과 평화》에서도, 남녀의 갈등을 극명하게 표현한 《안나 카레니나》에서도, 만년에 쓴 《부활》에서도, 각각의 무대에서 인간이 어떻게 숨쉬고, 어떻게 걸어가는지를 응시하며 글을 썼다.

게다가 그 '눈'은 나이를 먹을수록 점점 더 인간의 내면을 향해, 그리고 광대하며 깊고 끝없는 정신의 심연으로 직접적으로 다가가는 듯하다.

《전쟁과 평화》에서는 민족적 관점에서, 혹은 역사라는 산의 높은 곳에서 인간을 바라보고 표현하려 했다. 《안나 카레니나》의 무대는 가정이고, 또 남녀이다. 《부활》의 무대는 이미 '마음' 그 자체이다.

민족과 역사에서 가정과 남녀 속으로, 나아가 인간의 양심과 인간 속으로 깊숙이 파고드는 톨스토이의 예리한 눈은 그 인간 속에서 '신(神)'을 발견하고 있다. 이 신은 교회의 신과는 다른 존재다. 톨스토이가 발견한 신은 인간 정신 최고봉으로서의 신이고, 양심 결정체로서의 신이라는 느낌이 강하게 든다.

그는 자신의 작품 속에서 당시의 교회를 포함한 모든 위선과 대결했다. 또 그 태도를 충실히 지키며, 현실 사회에서도 모든 거짓과 위선에 저항한, 행동하는 문학가이기도 했다.

그러나 그는 위선을 폭로하는 데에 그치지 않았다. 위선의 깊은 곳에 있는 인간의 선성(善性)을 부각시키고 싶었다. "설령 미신은 사라져도 종교는 사라지지 않는다"는 외침은 그의 이런 심정을 잘 나타내준다.

톨스토이의 왕성한 진리 탐구 열정은 《전쟁과 평화》와 《안나 카레니나》를 완성한 후에도 그를 한시도 쉬지 못하게 했다. 뿐만 아니라, 이 두 작품 집필 사이에도 기근에 시달리는 지방의 구호활동에 헌신하는 등 톨스토이는 불행한 민중을 보면 어쩔줄 모르는 충격에 휩싸여 어느새 행동으로 옮기고 있었다. 인생이란 무엇인가, 왜 무언가를 해야 하는가, 반드시 찾아오는 죽음을 이길 수 있는 의미가 인생에 있는가. 그런 무거운 질문이 항상 그를 덮쳤다. 위대한 작가의 지위를 확고히 했을 때에도 그의 혼은 인생의 진리를 끝없이 탐구했다. 인간 존재에 대한 근본적인 부조리에 치를 떨고 회의를 느끼면서도, 이를 극복하기 위해 '무엇을 해야 하는가'라며 계속 자신을 응시했다.

진리에 대한 불타오르는 듯한 동경은 이윽고 인도에 있는 간디의 혼마저 뒤흔들었다. 간디가 톨스토이에게 공명해 자기 행동의 동력원으로 삼았음은, 운동의 거점 중 하나를 '톨스토이 농장'이라고 이름 붙인 것에서도 알 수 있다.

진리를 향한 미친 듯한 동경과 현실 사회에 나타나는 위선의 소용돌이. 톨스토이는 그 사이에 끼어 과학과 철학에서 해결을 구했지만 끝내 얻지 못하고, 한때는 자살 충동에 휩싸였다. 그러나 그를 구해 준 것이 '러시아'였다.

유구한 시간의 흐름을 삼키고, 유전(流轉) 속에서 영원을 살아가는 민중. 또 인간의 소소한 일상을 유유히 바라보며 무한한 공간으로 감싸 모든 생명을 창조하고 키워내는 어머니와 같은 러시아의 대지. 이 두 가지를 톨스토이의 작품과 정신에서 떼어놓을 수 없을 것이다.

그는 귀족 출신이다. 광대한 땅을 가진 명문 지주의 아들이었다. 그런 톨스토이가 민중 구제에 나선 일은, 어떤 의미에서는 부자의 심심

풀이로 받아들여져 반발을 불러일으키기 쉽다. 실제로 농민들은 한 동안 그를 의심의 눈초리로 바라보며 냉소적으로 대했다.

생활에 여유가 있고, 정신적으로 여유가 있어야 비로소 다른 사람을 돌아볼 수 있는 법이다. 먹고살기 바쁜 민중은 자기 자신을 건사하는 것이 고작이리라. 어떤 경우에는 남을 위해 애쓰는 것이 자신의 파멸을 의미하기까지 한다. 그러다 보면 대중은 의심이 많아지고, 이기적으로 된다. 그러나 그 대중이야말로 틀림없는 '인간'이었다.

상류사회의 아름다운 말로 하는 배려가 아니라, 가난한 사람들의 세련되지 않은 강인함 속에야말로 인간의 진실이 있는 것이 아닐까. 그 발견이 《전쟁과 평화》였는지도 모른다. 세계문학사에 빛나는 양대 걸작을 남긴 후, 톨스토이는 오로지 절대 진리를 추구하며 기독교의 신과 러시아 대지의 융합을 시도했다. 또 귀족의 신분을 버리고 민중에게 한없는 애정을 쏟아 부었다.

당시 러시아에는 기독교 교회에 대한 혹독한 공격과 비판이 있었고, 복음서 개역(改譯) 등이 시작됐다. 톨스토이의 명석한 이성은 사형과 전쟁을 공공연하게 인정하는 교회와는 양립할 수 없었다. 러시아 정교회와 완전히 절연하고 톨스토이 자신이 복음서를 개역(改譯)하기에 이른 일은 필연적인 과정이었을 것이다.

그의 신앙은 "나는 그리스도의 교양을 믿는다. 행복은 모든 사람이 그것을 성취할 때 비로소 지상에서 가능하다"는 말에 분명히 드러난다. 종교의 본의, 현실 교회와 괴리를 날카롭게 통찰한 그는 진실한 신앙, 절대적 신앙을 추구하며 격렬한 정열을 불태웠다.

그는 상류사회의 허구, 도시의 문단(文壇) 생활을 혐오하고 오로지 농민으로 대표되는 민중을 벗으로 삼는 생활로 들어간다. 때로는 모스크바시의 민세(民勢) 조사에 참여해 도시 하층민의 실상을 자세히 목격하기도 했다. 농민의 궁핍, 도시 빈민층, 이러한 민중의 불행한 실태에 분노한 그는 이 모순 위에 안녕을 탐하는 국가 권력과 사회 제도에 대한 철저한 비판자가 됐다.

동시에 그의 눈에는 교회와 상류사회의 위선으로 보이지 않던, 민중의 생활 속 순수한 신앙과 진리가 금빛처럼 드러났다. 한때 인생에서 절망하던 그는 민중의 강인한 생활과 신앙에서 구원을 받았다. 민중을 구원하려다 민중에게서 구원받은 것이다.

그의 《사람은 무엇으로 사는가》는 민중의 불행을 묵시하는 특권계급이나 과학, 문명, 교회 등에 대한 선전포고였는지도 모른다. 또 민중 교육계몽의 필요성을 느끼고, 많은 민화(民話)를 만들어 민중에게 들려줬다. 《바보 이반》, 《사랑이 있는 곳에 하느님도 있다》, 《촛

불》,《두 노인》등의 뛰어난 민화는 그 산물이다. 또 만년에 이르러 병역거부 운동을 일으킨 코카서스 북부의 두호보르파 교도들을 지원하기 위해 대작《부활》을 쓴 사실은 너무도 유명하다. 종교의 형태상 차이보다 신앙을 가진 사람들의 순수성과 그 행위를 중시한 그의 진지함이 여기에서도 엿보인다.

인간의 도덕적 회생과 폭력 부정, 악에 대한 '무저항'이라는 저항을 축으로 하는 그의 사상은 이른바 '톨스토이주의'로서 러시아 국내는 물론 전 세계적인 신망(信望)을 얻었다.

일본에서도 '시라카바파(白樺派)' 문학이나 무샤노코지 사네아쓰의 '새로운 마을' 운동 등을 통해 잘 알려져 있다. 그 명망이 얼마나 컸는지, 그를 체포하려고 호시탐탐 노리던 정부나 교회 등 권력의 마수(魔手)도 결국 건드릴 수 없을 정도였다.

그들이 톨스토이를 증오하며 체포를 요구할 때, 농민들은 "톨스토이를 가둘 만큼 큰 감옥이 러시아에 없다"고 답하며 단호히 거부했다. 톨스토이는 이미 러시아 전역을 뒤덮을 만큼 커다란 존재가 돼 있었다.

인생의 가장 말년에 민중을 사랑하고 러시아의 대지를 사랑했던 그는, 민중과 자연으로부터 동떨어진 자기 가정의 모순을 깨닫고 마침내 가정을 포기하기에 이른다.

1910년 10월 28일 이른 아침이었다. 그는 "생애 마지막 나날을 고독과 정적 속에서 보내려고 속세를 떠난다"[2]는 글을 남기고 집을 나갔다. 도중에 열차 안에서 급성 폐렴에 걸려 랴잔 우랄 철도의 작은 간이역인 아스타포보 역장 관사에서 병상에 누웠다. 그리고 11월 7일 아침, 이 위대한 작가에게 죽음이 찾아왔다.

그가 남긴 마지막 말은 "지상에는 수백만 명의 사람이 괴로워하고 있다. 그런데 왜 당신들은 나 레프 톨스토이 한 사람만 걱정하는가?"였다고 한다.[3]

강한 척이 아니라 아마도 본심이었을 것이다. 자신을 특별 취급하는 것을 견디지 못하는 톨스토이의 심정이 전해진다. 임종 직전의 진실한 외침이었다. 내게는 솔직한 감동과 간이역에서 쓰러질 수밖에 없었던 한 인생의 종말에 대한 슬픔이 눈물 한 방울과 함께 북받쳐 오른다.

러시아 민족의 혼이자 러시아 대지의 화신(化身)이라 할 수 있는 톨스토이는 19세기 말, 서구 문화로 급격히 쏠리던 러시아 문학 속에서 진정한 어머니인 민중의 대지에 뿌리를 내린 문호이다. 그 절대적 진리를 추구하는 철저함은 바로 러시아 민족의 피에 흐르는 전통이었다.

극단(極端)에서 극단으로 요동치는 정신, 그리고 그 깊은 곳에서 고삐를 조이는 강인한 생명력….

그의 생애는 야수성과 신성(神性)의 중간적 존재로서 숙명을 짊어진 인간의 가능성을 극한까지 추구한 삶이라고 할 수 있다. 격렬한 육체적 욕망에 대한 충동, 그에 대한 높은 정신성, 절대 진리에 대한 광적인 동경, 이 두 가지가 서로 끌어당기는 한가운데에 일부러 자기 자신을 두고서 도피도 체념도 하지 않고, 자신을 계속 응시한 보기 드문 영혼.

절대 탐구 과정에서 탄생한 엄청난 작품들은 그대로 톨스토이의 생명을 진지하게 반영하고 있었다. 그 작품들은 특수성에 대한 철저함이 보편성을 획득한 전형적인 예라고 할 수 있다.

러시아 민족의 정신과 풍토를 응시하고 철저하게 그려냄으로써 '인간이란 무엇인가'라는 고금의 영원하고 보편적인 주제에 응하는 답이 됐다.

지금까지도 영원한 고전으로서 많은 사람이 사랑하고 애독하는 까닭은 그의 작품 속에서 마치 거울을 보듯 자신의 얼굴을 볼 수 있기 때문일 것이다.

그야말로 톨스토이의 일생은 한 편의 드라마였다. 또 그 얼굴은 영원히 인생 그 자체의 '얼굴'이다.

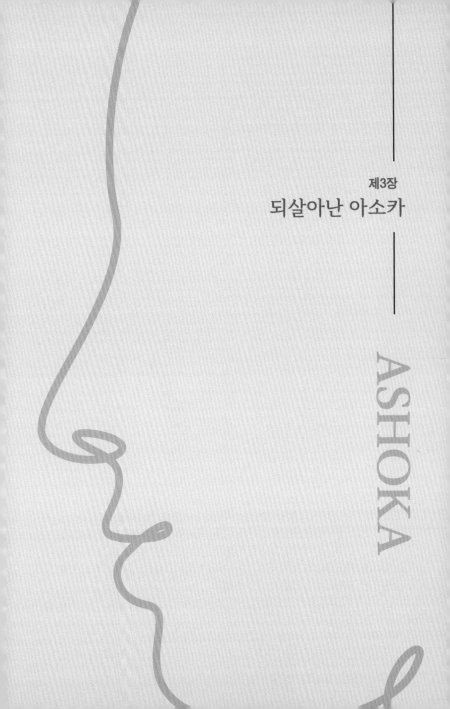

제3장
되살아난 아소카

ASHOKA

"아소카왕은 세계에서 가장 존경하는 왕이다."

이 말은 범유럽 운동의 지도자였던 고(故) 쿠덴호베-칼레르기 백작의 찬사다. 쿠덴호베 백작과 생전에 두 번 정도 대담할 기회가 있었는데, 아소카왕에 관한 화제에 이르면 두 눈을 반짝이며 홍조 띤 얼굴로 칭찬하던 모습이 인상적이었다.

쿠덴호베 백작에 따르면, 아소카왕이 다스리던 인도에는 고대 세계에서 가장 뛰어난 문화가 꽃피었으며, 그 까닭은 전쟁 없는 통치가 20년 이상이나 지속됐기 때문이라고 한다. 쿠덴호베 백작뿐 아니라 서구 지식인 중에는 "아소카왕의 치세(治世)에 태어나고 싶다"고까지 말하는 사람들이 있는데 그럴만하다고 수긍이 간다.

동양의 불교도에게 아소카왕은 전설적인 존재였다. 부처에게 모래떡을 공양한 동자 이야기는 많은 사람이 어린 시절 한 번쯤 들어본 기억이 있을 것이다.[4]

석존이 왕사성 교외에서 탁발을 하던 때 일이다. 두 동자가 흙장난을 치며 신나게 놀고 있었다.

두 동자는 저 멀리서 석존이 다가오는 것을 알아차렸다. 부처의 굉장한 모습을 보고 두 동자의 마음에도 환희가 솟구쳤으리라. 무언가 공양하고 싶었지만, 공양할 만한 음식도 물건도 없었다.

그러던 중 덕승동자(闍耶, 사야)가 마음속으로 '나는 이 모래를 갖고 공양해야지' 하고 생각했다고 한다. 다시 말해 덕승동자는 직접 만든 흙떡을 높이 받들어, 석존의 바리 안에 담았다. 그때 옆에 있던 무승동자(毘闍耶, 비사야)는 부처에게 합장하고 함께 기뻐했다고 한다. 부처가 웃으며 흙떡을 받았음은 말할 나위도 없다.

그러자 옆에 있던 아난은 왜 석존이 웃었는지 의문이 들어 질문하자, 석존은 다음과 같이 말했다고 한다.

"아난이여, 내가 지금 미소를 짓는 데는 인연이 있음을 알지어다. 내가 멸도하고 백년 뒤에 이 아이는 파탈리푸트라의 일부를 통치하는 전륜성왕이 될 것이다. 성은 공작(孔雀), 이름은 아육(阿育)이니 정법으로 다스리며, 또 내 사리(舍利)를 널리 전파하고 8만4천의 법탑을 세워 무량의 중생을 안락하게 할 것이다."

이상이 경문에 씌어 있는 아육대왕의 인연담이다. 훗날 마우리아 왕조 제2대 빈두사라왕의 아들로 태어난 덕승동자는 무우(無憂), 무승동자는 이우(離憂)라는 이름으로 태어났다고 한다. 여기서 '무우'는 아소카라는 뜻이다.

그런데 역사상 보기 드문 뛰어난 군주로서 아소카왕의 존재 자체에 대해 서구의 역사가들은 동양의 불교도가 상상으로 그려낸 전설

의 인물일 것이라며 오랫동안 믿지 않았다. 그들은 석존조차도 전설
속의 인물로 여기고 있었다.

그런데 1837년 영국인 제임스 프린셉이 고대 인도의 브라흐미 문
자로 씌어 있던 비문(碑文)을 해독하는 데 성공했다. 비문에는 데바
남피야-피야다시(신들이 사랑한 피야다시=천애희견왕)라는 이름
의 왕이 등장하며, 참으로 이상적인 왕도 정치가 명확히 밝혀져 있다.
서구의 역사가들도 눈이 휘둥그레질 정도의 내용이었다.

그러나 비문에 씌어 있는 피야다시라는 왕이 도대체 누구인지 좀
처럼 판명되지 않은 채 오랜 세월이 흘렀다. 그러던 1915년, 남인도
의 마이소르에서 발견된 마스키 암석비에는 데바남피야 아소카(신
들이 사랑한 아소카=천애아육왕)라고 명확하게 새겨져 있었다. 이
로써 수수께끼 인물 피야다시가 바로 아소카왕이었음이 확인되고,
이 위대한 왕의 존재는 역사적 사실로 20세기의 세계사 속에 화려하
게 되살아났다.

현재까지 발견하고 해독한 아소카왕의 비문은 40여 종에 이른다
고 한다. 그 내용에 관해서 이미 나는 《불법(佛法) 동과 서》[5], 《나의
불교관》[6] 등에서 약간의 해설을 덧붙였는데, 그 뒤 쓰카모토 게이쇼
씨가 번역한 《아소카왕 비문》[7]을 인용하면서 그 업적을 다시 한번 확

인하고자 한다.

먼저 아소카왕의 치세는 국내 정치면에서 뚜렷한 특징을 보인다. 유명한 14장 마애법칙의 제1장에는 모든 생물의 살생과 공양을 금지하는 불법(佛法)의 불살생계(不殺生戒) 정신이 깃들어 있다. 제2장에는 천애희견왕이 사람과 가축을 위해 두 종류의 병원을 짓고, 약초를 재배하고, 가로수를 심고, 우물과 샘을 파는 등 수많은 사회사업을 일으켰다고 한다. 또 제8장에 따르면, 아소카왕의 즉위 10년부터는 기존 제왕들이 하던 '오락을 위한 정기적 순례'를 폐지하고 직접 '법(法)의 순례'를 실시했다.

다음으로 외교적 측면은 마애법칙 제13장에 선포했다. 천애희견왕은 모든 이웃나라에 평화 사절을 파견해 무력에 따른 정복을 폐지하고 법(法)에 의해 정복하기를 희망한다. 이 법칙을 읽은 서구 역사가들이 놀란 것은 거기에 그리스왕 다섯 명의 이름이 씌어 있었다는 점이다.

당시 인도 북서지방에는 기원전 326년에 침입한 알렉산드로스 대왕의 후계자들이 여전히 세력을 유지하고 있었다. 인도 최초 통일제국인 마우리아왕조의 지배는 아소카왕 시대에 인도 북서지역까지 미쳤다. 그는 법칙을 선포하면서 그리스어와 아람어 비문도 새겨 넣었

다. 나아가 더 서쪽의 시리아왕, 이집트왕, 마케도니아왕, 그리고 북
아프리카의 키레네왕, 에페이로스왕(혹은 코린토스왕)에게까지 사
절을 파견해 다르마(法, 법)에 따른 정치를 권했다.

이리하여 아소카왕은 처음으로 서구의 역사가들에게 그 영광스러
운 이름을 확인받았고 기원전 3세기 동양을 개명(開明)시킨 군주로
서 각광받게 됐다. 《세계사 대계》로 유명한 허버트 조지 웰스도 "지
금까지 세계에 나타난 가장 위대한 제왕 중 한 명"으로 아소카왕의 이
름을 거론했다.[8]

그런데 지금 인용한 마애법칙 제13장 앞부분에는 아소카왕의 일대
회심(一大回心)으로 유명한 고백이 기록돼 있다.

"천애희견왕 즉위 8년에 칼링가를 정복했다. 15만 명의 사람이 그
곳에서 추방당하고, 10만[명의 사람들]이 그곳에서 살해당했으며, 또
그 몇 배[나 되는 사람들]가 죽었다. 그 뒤 칼링가를 정복한 지금, 천
애희견왕의 열렬한 법의 수행, 법에 대한 사랑, 그리고 법에 의한 교
화가 [이뤄졌다.] 이것은 칼링가를 정복했을 때 천애희견왕의 회한이
다. 왜냐하면 한 번도 정복된 적이 없는 [나라가] 정복당하면 거기에
는 백성의 살해나 사망, 또는 추방이 있으니 천애희견왕에게 이것은
심히 괴롭고 비통한 일이기 때문이다."[9]

여기서 말하는 칼링가는 마가다국의 남쪽, 오늘날의 오리사 지방에 있던 나라다. 아소카왕이 즉위했다고 알려진 기원전 268년 무렵에는 아직 마우리아왕조의 지배 영역 밖에 있었다. 아소카왕은 즉위 8년에 대군을 이끌고 칼링가를 공격해 수많은 사상자를 냈다고 비문에 기록돼 있다. 그는 그 참상을 보고 진심으로 후회하며 이때를 계기로 '법에 따른 정치'로 전환했다. 키에르케고르식으로 말하자면, 그는 '정신의 대지진'을 경험한 셈이다.

불교의 전승에 따르면, 아소카왕은 처음에 '포악한 아육'이라 불렸다. 그의 할아버지 찬드라굽타(旃那羅笈多, 전나라급다)는 원래 마가다 지방을 군림하던 난다왕조의 한 병사였다고 한다. 그의 아들 빈두사라왕도 왕비 열여섯 명을 두었고, 아소카왕에게는 100명 이상의 이복형제가 있었다고 한다.

아소카는 타고난 성격이 흉포하여 국왕도 그를 소외시키고 멀리하였지만, 형제 99명을 살해하고 왕위를 차지했다고 전해진다. 만약 이 이야기가 사실이라면 그야말로 '포악(暴惡)'이라는 한마디로 요약할 수 있을 것이다.

그런 아소카왕이 언제쯤 불교에 귀의했는지 지금까지 발견된 비문에서는 분명치 않다. 다만 마애법칙 제8장에는 즉위 10년째 되는 해에 석존이 성도(成道)한 땅을 방문하고, 이후 '법(法)의 순례'를 시작했다고 기록돼 있어, 그 무렵에는 이미 불교 신자가 됐을 것으로 짐작된다. 또 소마애법칙 제1장에는 "2년 반 남짓 나는 우바새(붓다 석가의 신도)였으나, 1년 동안은 열심히 정진하지 않았다. 그러나 [다음] 1년여 동안은 승가에 뜻을 두고 열심히 정진했다"[10]라고 씌어 있다.

따라서 아소카왕이 나중에 열렬한 불교 신자가 돼 사람들로부터 '법의 아육'이라고 불리게 됐다는 전승은 틀림없는 사실이다. 다만 앞서 살펴본 칼링가 대학살을 저지를 때 이미 불교 신자였는지 아닌지에 대해서는 학자들 사이에서도 논쟁의 여지가 있다.

그렇기는 하나, 이하의 내용은 내 추측이지만, 아마도 아소카왕은 초기 불교도일 때부터 '포악한 아육'이라고 불릴 정도로 악행을 거듭했던 것 같다. 혹은 불교도들을 탄압했을 수도 있다.

아소카왕의 탄압을 받고 불교도는 굳게 뭉쳤고, 일부는 죽음을 무릅쓰고 간언하는 승려도 나왔으리라 여겨진다. 그 과정에서 불교도 사이에 전해지는 덕승동자의 인연담을 아소카왕이 직접 들을 기회도 있었을지 모른다. 그가 그 이야기를 들었다면, 그것은 즉위 8년 칼링가 정복보다 이전이었을 것으로 추정된다. 세상의 지옥이라 부를 만한 10만 명 대학살을 목격하고 마침내 아소카왕의 심경에 거대한 전환기가 찾아왔다.

그는 이후 열렬한 불교 신자가 돼 '법의 아육'으로 살 것을 결심한다. 일찍이 석존이 아난에게 말했듯이, 자신이 바로 공작(마우리아) 왕조의 아소카(무우)라는 자각에 일어선 것일까. 그는 자신의 사명을 자각함으로써 한 사람의 인간으로서도 다시 태어났다. 이른바 아소카의 '인간혁명(人間革命)'이었다.

즉위 10년부터 시작된 '법의 순례'는 석존과 인연이 있는 곳을 찾아 쉬지 않고 계속했다. 어떤 비문에 따르면 그는 1년의 대부분을 지방 순례로 보냈다고 한다. 덧붙이면 그는 개인적으로는 열렬한 불교 신자였지만, 왕으로서는 모든 종교를 공평하게 대했다. 정치에서는 불교 이념을 바탕으로 생명존중을 철저히 관철했다. 그래서 불교도뿐 아니라 모든 신하와 백성에게 명군으로 존경받게 됐을 것이다.

오늘날 전 인도에 걸쳐 각지에서 발굴되는 대부분의 불탑 중에는 무명의 서민이 기증한 것도 많다고 한다. 아마도 아소카왕은 각지를 순례하면서 백성들 속으로 들어가 열정적으로 법을 설하고 또 왕으로서 정의를 실현했다고 보인다. 8만4천여 개의 크고 작은 무수한 불탑이야말로 그런 아소카왕의 영광스러운 기념비가 됐다.

룸비니에 있는 소석주법칙(小石柱法勅)에는 다음과 같이 새겨져 있다.

"천애희견왕이 즉위 20년에 직접 이곳에 와서 참배했다. 왜냐하면 여기에서 붓다 석가모니가 탄생했기 때문이다. 그래서 돌을 깎아 선반을 만들고 돌기둥을 세우도록 했다. [이것은] 이곳에서 세존이 탄생한 것을 [기념하기 위함이다.] 룸비니 마을은 세금을 감면하고, 또 [생산량의] 8분의 1만 내도록 하게 한다."[11]

이 법칙으로 석존의 탄생지인 룸비니 마을이 확인된 것뿐만이 아니다. 오랫동안 석존의 실존에 회의적이던 서구 학자들도 아소카왕이 세운 돌기둥을 통해 인류 역사상 가장 위대한 불교의 창시자가 탄생했다는 사실을 인정하지 않을 수 없었다.

2천200년 이상이나 오래 전에 새겨진 비문은 20세기에 들어와 아소카왕을 되살렸다. 그리고 이제는 세계종교로 주목받는 불교의 이념을 생생하게 말해주고 있다.

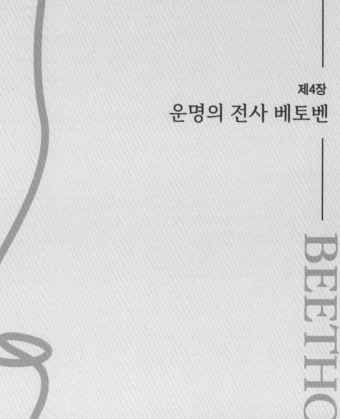

제4장
운명의 전사 베토벤

BEETHOVEN

루트비히 판 베토벤(1770~1827) 독일에서 태어난 천재 음악가. 교향곡 제3번 '영웅', 교향곡 제5번 '운명', 교향곡 제9번 '합창', 피아노 협주곡 제5번 '황제' 등을 작곡.

1977년 4월, 월간 〈우시오〉에 게재된 내용입니다.

때때로 나는 피아노 앞에 앉는다.

결코 능숙하지는 않다. 나만의 방식이긴 하지만 간담의 자리나 회원들로부터 요청을 받을 때, 또는 벗을 위한 마음으로 연주하는 정도다.

피아노는 역시 '악기의 왕'이다. 사람들의 마음을 흔들어 놓을 만큼 풍부한 울림이 있다.

생각해보면 인간은 참으로 대단한 것을 발명했다. 매일 일상에 꼭 필요한 것도 아닌데 음악만큼은 어느 민족이든 만들고 있다. 희로애락의 감정이 분출해 음악을 만들지 않고는 견딜 수 없었을 것이다.

언어는 번역이 필요하지만 음악은 필요 없다는 점이 좋다. 시대를 비롯해 거리, 풍속이나 풍습을 순식간에 뛰어넘어 마음 깊은 곳에 잠들어 있는 감정의 주름에 솔직하게 말을 건넨다.

내 청춘도 음악과 함께였다.

전쟁이 끝난 직후의 살벌한 풍경이 내 주변을 가득 채우고 있었다. 스무 살을 갓 넘긴 감수성이 예민한 생명에게는 기댈 곳 하나 없는 시대상이었다. 나는 도쿄 오모리에 있는 허름한 단칸방에 살고 있었다. 그보다 밤에는 갇혀 있었다는 것이 내 정신 상태로 봐서는 더 적절한 표현일지도 모르겠다. 월급도 적었다. 게다가 폐병을 앓고 있었다. 이대로 가다가는 죽을 것 같은 예감마저 드는 날도 있었다.

나는 목마른 사람이 샘물을 찾듯 음악을 찾았다. 없는 지갑을 털어 수동식 축음기를 산 뒤, 한밤중이나 일요일 아침이면 친구에게 레코드를 빌려 소리의 세계에 빠져들었다. 명곡을 한 곡 또 한 곡 계속해서 들었다.

베토벤의 '운명'이 좁은 방에 요란하게 울려 퍼질 때, 그 힘차고 묵직한 소리의 한가운데서 황홀하게 듣던 감동은 지금도 생생하다. 불과 삼십 분도 채 안 되는 연주였지만, 내 인생에는 분명 큰 사건이었다.

'운명'을 들은 러시아의 문호 톨스토이는 "아, 용기가 솟구친다"고 외쳤다고 한다.

괴테는 멘델스존의 피아노 연주로 '운명'을 처음 접하고 "무섭고, 거대하고 광적인 것 같다. 마치 집이 흔들리는 것 같아 깜짝 놀랐다"[12]고 한다. 프랑스의 로맹 롤랑도 "그의 음악이야말로 예술의 화신"이라며 놀라서 말을 잇지 못했다.

나의 '그 순간'도 결코 그에 못지않다. 좁은 단칸방은 마치 파도에 놀아나는 작은 배와 같았다. 다다미가 격렬하게 흔들리는 느낌은 생명 저 깊은 곳에서 언제까지나 사라지지 않았다.

나는 '운명'의 레코드판이 닳아 없어지도록 들었다. 몇 번이고, 몇 번이고. 열과 땀으로 범벅이 된 피곤한 몸을 옆으로 뉘며, 살아가는 의미와 내일을 향한 용기를 치열하게 움켜쥐려고 애썼다.

너무나도 유명한 서두의 주제에 대해 "운명은 이렇게 문을 두드린다"라고 그 자신이 말한 것처럼, 교향곡 제5번은 그 자신에게 닥친 가혹한 운명과 벌이는 격투를 통해 승리의 동경(憧憬)을 노래한, 용감한 전사의 외침이다.

바람을 일으키고 비를 세차게 내리는 천둥소리의 포효와도 같은 격렬한 열정과, 끊임없이 율동하는 묘하고 움직이기 어려운 거대한 우주의 호흡을 '소리'의 세계에 병합시킨 작품이라고 할 수 있을 것이다. 베토벤을 이야기할 때 그의 '운명'을 빼놓고는 그 무엇도 말할 수 없는 까닭도 이 곡이 그의 생애와 예술의 전부를 상징하기 때문이다.

베토벤은 1770년 12월 16일 라인강변의 본에서 태어났다. 그가 사망한 때가 1827년이니 활동기간은 거의 19세기 초, 150년 가까이 이전의 일이다. 생애에 관해서도 그렇게 자세히 알 수는 없다.

그렇지만 내가 아는 한 그는 기구한 운명의 소유자였다. 그의 비참한 생애는 이미 네 살 때부터 시작됐다. 그것은 아버지의 엄격한 스파르타식 교육에서 비롯됐다. 가정의 따뜻한 분위기에서 자라야 할 소년 시절은 아들을 돈벌이 수단으로 삼으려는 알코올 중독자 아버지의 무자비한 음악 교육에 잿빛으로 온통 뒤덮였다.

이 단련은 소년에게 가엾은 일이었을지도 모른다. 그러나 그렇게 훈련받은 교육이 음악이었다는 점은 그의 불가사의한 운명의 조화였다. 여덟 살에 콩쿠르에 출전한 천재는 이렇게 음악 역사에 등단한 것이다.

열여섯 살에 어머니를 잃고 알코올 중독인 아버지와 어린 두 동생을 부양해야 하는 운명을 두 어깨에 짊어지고 고독한 인생행로를 걷는 베토벤과, 보통 사람을 능가하는 노력으로 음악가로서 명성을 획득한 베토벤이 서로 상반되면서 마침내 미래를 엿보려는 순간에 기다리고 있던 것은 가혹하고 무자비한 운명이었다.

그는 청각에 이상이 생겨 결국 소리를 듣지 못하게 됐다. 눈이 멀거나, 말을 할 수 없거나, 혹은 걷기 힘들어지는 것은 몰라도 음악가로서 소리를 듣지 못하게 된다는 것은 사형 선고와 같다. 서른 살, 한창 왕성할 때였다.

그의 절망을 충분히 가늠할 수 있다. 그가 쓴 《하일리겐슈타트 유서》에는 하늘을 원망하는 애끓는 절규가 담겨 있다. 두 동생에게 "죽고 난 뒤 개봉하라"고 당부를 써서 보냈다.

"오, 신이시여. 내게 '기쁨'의 정결한 하루를 한 번만 주옵소서! 오랫동안 기쁨을 접하지 못해서 진정한 기쁨에 깊이 공명하는 방법을 나는 잊어버렸나이다! 오, 언제. 오, 언제. 오, 신이시여! 나는 자연과 인간의 전당 안에서 기쁨을 맛볼 수 있을까요. 영원히 안 될까요? 아니요! 오! 그것은 너무 가혹합니다!"¹³

자기 운명에 대한 저주와, 오직 삶의 환희를 미칠 듯이 추구하는 갈망의 마음이 절절히 느껴진다.

이 진흙탕 같은 고단한 인생의 투쟁에서 그의 진가가 연마됐다. 그가 남긴 작품 대부분을 귀가 들리지 않게 되면서부터 창작했다는 사실이 무엇보다도 잘 말해준다. 음악 창작에 대한 강인한 일념이 운명의 학대를 이겨낸 것이리라. 불가항력적인 운명의 힘에 맞서 오히려 '운명'을 스스로 창조의 원천으로 삼은 위대함이 떠오른다.

최후까지 고독과 가난에 휩싸여 사흘간이나 고뇌하던 끝에 죽음을 맞이했다고 한다. 운명은 마지막까지 그에게 가혹했다. 그러나 자신에게 닥친 운명과 격투를 벌이고 운명을 필사적으로 공격하면서 곡으로 승화시킨 의지력이야말로 예술가가 갖춰야 할 요건 중 최고봉이 아닐까.

베토벤은 노력하는 사람이다.

단 한 소절을 창작하는 데에도 온 정성을 쏟았다는 것을 보여주는 유명한 일화가 있다.

한 선율을 고치기 위해 오선지 위에 수정한 곳을 어떤 사람이 순서대로 떼어보니까 열세 장이 있었는데, 완성된 선율과 가장 아래의 첫 번째 선율이 완전히 똑같았다고 한다. 그의 곡 중 어떤 소절도 열두 번 이상 고치지 않은 것이 없다는 일화는 그의 노력을 말해주고, 최초의 선율과 최후로 고친 선율이 같았다는 것은 그의 타고난 재능이 풍부했음을 대변해준다. 그는 즉흥곡을 잘 만들었다고 한다. 천재적인 음악 재능에 상상을 초월하는 노력이 더해져 그의 곡은 탄생했다.

자기 생명에 들려오는 우주의 선율을 마음의 귀로 들으며 악보 위에 완벽하게 표현하고자 하는 그 집념의 불꽃을 눈앞에서 보는 듯한 이야기다. 소리의 아름다움을 넘어 광대한 우주에 대고 음표를 붙인 듯한 기분이 느껴진다.

모차르트나 슈베르트의 곡이 유려한 반면, 베토벤의 곡이 지극히 힘차고 비장한 까닭도 이런 창작 태도가 반영돼 있기 때문일까.

그러나 그의 대표적인 명곡에는 '격정'과 '정적', '동(動)'과 '정(靜)'이 선명하게 대비되는 것 같다. '운명', '영웅', '크로이처 소나타' 등은 격정적이고 동적이지만, '월광 소나타', '전원 교향곡' 등은 정적이고 평화로운 분위기가 있다.

이 정과 동, 격정과 정적의 교류는 그의 인생을 그대로 상징하고 있

으리라. 그의 인생 또한 극과 극을 오가는 진자라고 할 수 있을지도
모른다. 거기에 큰 불균형이 생겨났고, 그의 생에는 갈등과 투쟁의 연
속으로 끝이 없었다. 이는 그의 불행이라고 할 수 있을지도 모른다.

나는 베토벤 생애와 예술을 거시적으로 바라볼 때, 퍼내어도 마르
지 않는 명곡의 세계와 인생의 행복과 불행 사이에 놓인 이율배반을
뼈저리게 느낀다. 예술의 극치라 할 수 있는 멋진 세계를 창조하면서
도 그의 삶에는 깊은 슬픔의 그림자가 드리워져 있었다.

어쩌면 이율배반이 인생의 진실일지도 모른다. 이를 어떻게 조화
시켜 나갈지에 철학의 과제가 있는 것 같다.

더욱이 그의 불행은 그의 반사회적인 언행과 행동에서 비롯된 측
면도 적지 않다고 할 수 있다. 그가 곡을 창작할 때의 미치광이 같은
태도가 그것을 보여준다.

어떤 악상이 떠오르면, 길을 가다가도 계속 거기에만 매달려 비가
오는지, 폭풍이 부는지도 모르고 밤늦게 흠뻑 젖어 돌아오곤 했다.

방에 들어가면 식사도 잊은 채 잠도 자지 않고 24시간 내내 끙끙거
리고 소리를 지르거나 발을 구르며 작곡했다. 이 소음에 인근 주민이
항의해 퇴거 명령을 받은 적도 있다고 한다. 이렇게 누구에게나 정신
이상자 취급을 받으며 고독에 시달렸다. 예술의 힘에 대한 신뢰와 자

신의 재능에 대한 강렬한 자존심이 간신히 그를 지탱했다.

음악의 도시 빈에 어느 귀족 집에서 연주했을 때에는 젊은 귀족과 부인이 계속 대화를 나누는 모습을 보고 자존심에 상처를 입어 연주를 중단하고 이렇게 외쳤다.

"이런 돼지들한테 어느 누가 연주를 할 수 있겠는가!"

나는 이런 괴이하다고도 할 수 있는 언행에서 자존심과 겸손 사이의 간극을 어떻게 메워야 할지 생각해 본 적이 있다. 베토벤이 겸손한 사람이 아니었다는 말이 아니다. 그의 운명에 대한 불굴의 투지를 보더라도, 우주의 장대한 음악 세계를 바라보는 겸허한 자세를 보더라도, 어떤 거대한 힘에 대한 겸양의 미덕이 거기에 관철돼 있다. 그런데 대인관계에 이르면 곧장 자존심을 드러내고 만다.

어쨌든 운명과 벌이는 격렬한 고투와 고뇌의 밑바닥에서, 베토벤이 환희의 선율을 마침내 허공에 울려 퍼뜨린 것이 만년의 명곡인 교향곡 제9번 '합창'이었다.

실러의 시 '환희의 송가'에 붙인 곡의 이미지를 30년 동안이나 반복해 부르면서 가슴 깊이 간직하고 있다가 교향곡 제9번 합창 부분에서 폭발시킨 것이다.

초연의 지휘봉을 잡았을 때 그는 만년에 접어들어 눈도 잘 보이지 않고 귀도 전혀 들리지 않는 상태에서 오로지 자신의 환희에 대한 동경을 온몸으로 쏟아내며 지휘대 위에서 격렬한 몸짓을 전개했다.

연주가 끝났을 때, 관객들의 노도와 같은 박수갈채와 열광적인 감격의 폭풍으로 극장이 흔들릴 정도였다고 한다. 그러나 이 감동의 소용돌이도 전혀 듣지 못한 채, 그는 청중을 등지고 서 있었다. 연주자 중 한 명이 그를 돌아서게 해주자 비로소 청중의 열광을 느낄 수 있었다.

이것은 150년 전 한 인간의 일생이다. 그러나 그의 곡이 지금도 여전히 우리의 가슴속 공명판을 세차게 두드리고 있다.

어쨌든 진지한 생명의 파동이 어디까지 민중에게 감응하는지 그 영원한 진리를 오늘날 우리에게 보여주는 것 같다. 이 감응의 묘(妙)야말로 예술이 도달해야 할 궁극적인 경지이고, 나아가 인간이 도달할 수 있는 최고의 세계가 아닐까.

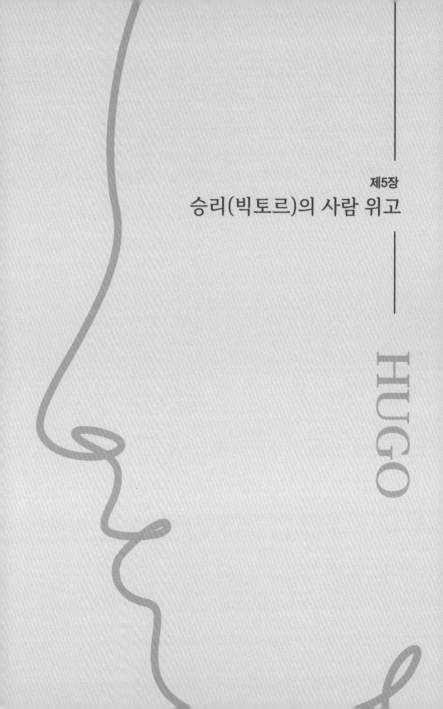

제5장
승리(빅토르)의 사람 위고

HUGO

빅토르 마리 위고(1802~1885) 프랑스 시인·소설가·극작가. 《파리의 노트르담》과 《레미제라블》 등 걸작들을 남겼으며 낭만주의의 초석을 다진 인물로 평가.

1977년 5월, 월간 〈우시오〉에 게재된 내용입니다.

사람의 겉모습이 천차만별인 만큼 그 내면인 마음의 세계도 천차만별이다.

그 '몸'과 '마음'이 엮어내는 인생도 저마다 다른 모습일 것이다. 험난한 파도와 난투를 벌이는 인생도 있을 것이고, 잔물결에 장난치듯 평생을 보내는 사람도 틀림없이 있을 것이다. 또 고요하고 잔잔한 나날을 쌓아가는 사람도 있을 것이다. 어차피 사는 일생이라면 난국에 의기양양하게 맞서 파도의 물보라를 맞으며 도전의 일기를 써 내려가고 싶다.

"사람의 일생은 한 편의 연극과 같다"고 말한 사람이 있다. 빅토르 위고는 실로 연극 같은 인생을 산 사람이다. 위고가 살았던 19세기 프랑스는 변화와 격변의 무대였다. 나폴레옹도 그 무대에서 움직이고 싸웠다.

그렇다면 어떻게 표현하는 것이 좋을까. '강한 사람'이라고 하면 위고의 일생을 흐르는 낭만을 간과하게 되고, '문호'라는 말도 대중과 호흡한 서민성을 잊게 한다. 가난한 사람들을 위해 치열하게 살았던 정감 넘치는 일생을 바라보고 있노라면 "인생은 항해다"라고 한 그의 말이 떠오른다.

'거친 바다를 용감하게 헤쳐 나가는 항해사에 스스로를 견주고 있는 것은 아닐까'라고 상상해보기도 한다. 풍파를 만나 물러서지 않고 앞으로 앞으로 나아가는 강인한 생명이 고동치고 있었다. 위고의 작품에 흐르는 일종의 '진보 정신'은 그의 정체(停滯)를 용납하지 않는 인생 태도와 떼어놓고 생각할 수 없다.

어린 시절, 아버지와 어머니가 이별했다. 따뜻한 가정생활에 대한 동경을 품고 문학에 정진하며 청춘을 보낸 위고는 20대의 젊은 나이에 이미 '낭만파의 대표'로 꼽히는 지위를 구축하고 있었다. 도서관에 다니며 성난 소처럼 문학 서적을 섭렵한 남다른 노력이 성공을 불렀다.

한결같은 마음으로 인생을 산 사람이라는 느낌이 든다. 시대를 초연히 내려다보는 것도 아니다. 그렇다고 시류에 편승하는 것도 아니다. 자기 생명 안에 불타오르는 생각을 펜에 담아 행동하고, 외치고, 맹렬하게 살았다. 서재에 틀어박혀 창작에 몰두하는 것 등은 그에게는 생각도 못할 일이었다.

위고의 작품 속 주인공은 서민이다. 위고는 서민으로 사는 것을 신조로 삼았다. 스스로 서민이 되려고 노력했고, 서민에 대한 애정을 절규하며 작품을 계속 썼다.

일본인에게 위고와 《레미제라블》은 떼려야 뗄 수 없는 관계이다.

메이지시대 말년에 구로이와 루이코가 《아아, 무정(無情)》이라는 제목으로 이 대작을 일찌감치 소개했다. 나도 소년 시절, 도요시마 요시오의 완역본을 감동해서 단숨에 읽은 기억이 지금도 생생하다.

'레미제라블'은 '비참한 사람들'이라는 뜻이다. '아아, 무정'이라는 번역이 널리 퍼져 장발장의 심정을 표현하기에 적절했던 탓에 원제목의 정확한 의미가 잘 알려지지 않은 듯 하다. 그러나 이 원제목 속에 위고의 마음이 담겨 있는 것처럼 느껴진다.

민중의 비참함을 그리면서도 그 민중 속에서 선한 광명, 진리를 찾고자 하는 예리함…. 바꿔 말하면 '속(俗)' 안에서 '성(聖)'의 광채를 발견하고자 한 작품이기도 하다. 그가 성공할 수 있었던 것도 그 자신의 '서민적 기질'이 중요한 원동력이 됐음이 분명하다.

인생의 풍파를 제대로 겪는 것은 어느 시대나 서민이다. 서민의 신음을 방관했다면 《레미제라블》은 탄생하지 못했을 것이다. 수많은 명작을 남기며 이 작품이 세계 문학사에 찬란한 빛을 발하는 까닭도 주인공 장발장의 기구한 일생을 통해 서민이 승리하는 인생을 노래하기 때문이다.

위고의 소설은 '마니교적 이원론'으로 관철돼 선악, 명암의 대립성이 너무 뚜렷하다는 비판이 있다. 그러나 인간이 지닌 삶의 이상을 진지하게 파고들려 했던 위고의 강인한 창작 태도는 그러한 비판을 뛰어넘어 민중의 마음에 직접 침투했다는 사실로 나타난다. 아니, 서민 대중이야말로 위고에게는 유일한 선(善)이었음이 틀림없다.

사람들을 '비참'하게 만드는 것은 그것이 무엇이든 위고에게는 악일 수밖에 없었다. 때문에 위고의 작품 속에선 그 강하고 격렬한 심경이 선을 철저히 선으로 만들고, 악을 끝까지 규탄하지 않을 수 없는 구성으로 나타났을 것이다. 살기 위해 빵 한 조각을 훔친 짓은 악인데, 위선의 억압이 어찌 악이 아닐 수 있는가.

소년 시절, 위고는 가르침 받을 목사를 선택할 기회가 있었다고 한다. 상류층에게 인기 있던 성직자풍 목사의 설교를 싫어하고, 반대로 촌스러운 목사에게 호감을 느낀 그는, 행동은 궁상맞지만 말투에서 진실성이 느껴지는 목사와 친하게 지냈다. 《레미제라블》의 미리엘 주교도 생활은 검소하고 사제복도 허름하다. 그러나 마음은 바다처럼 너그러웠다. 이는 위고의 성직자관을 잘 드러내고 있어 흥미롭고, 무엇보다 위선과 거짓을 극도로 혐오하는 그의 심정을 잘 드러내주는 것 같다.

위고는 만년에 이르러 지인들에게 장례식에 "어떤 사제도 참석하지 않았으면 좋겠다"[14]고 말했다고 한다. 그럴듯한 얼굴로 공허하게 말을 늘어놓는 사이비 성직자에게 역겨움을 느꼈음을 엿볼 수 있다. 민중의 비애를 옷으로 덮어주고, 등에 짊어지는 사람이야말로 종교인이 돼야 한다. 위고의 분노와 같은 개탄이 들려오는 듯한 말이다.

그렇다면 그는 장례식에 누구를 참관시키고 싶었을까. 그가 쓴 유서가 이를 말해준다.

"진실과 광명, 정의, 양심, 그것이 바로 신이다.《신, 광명(Deus, Dies)》나는 4만 프랑을 가난한 사람들에게 남긴다. 내 시신은 가난한 사람들의 영구차에 실어 묘지까지 운반해 줬으면 한다."[15]

위고는 가난한 사람들과 함께 살고 싶었다. 아니, 죽어서도 가난한 사람들과 함께하고 싶었던 것이다. 교회라는 권위나 목사라는 매개체를 통해 추앙 받는 곳에 신이 있는 것이 아니라, 인간의 마음속에 빛나는 진실 속에서 신의 '실상'을 보고, 사람들 속에서 그것을 발견했으리라. 그의 언행을 과장되게 보는 사람도 있다. 그러나 위고의 관점에서 말하자면, 내가 사람들과 함께 살아가는 진실을 감출 수는 없다고 웃을 뿐이다.

'진실'은 사람의 생명 속에 깊숙이 존재한다. 게다가 그 진실은 감춰져 있다. 그것을 가리는 것은 무엇일까. 위고는 치열하게 찾아내서 증오했다.

죄인을 다룬 작품 《클로드 괴》는 많은 것을 이야기한다. 살인을 저지르고 처형당하는 클로드와 그를 살인자로 만든 작업장 주임의 관계가 형무소라는 특수한 상황을 무대로 긴박감 넘치게 그려진다.

살인자 클로드는 착한 사람으로, 살해당한 주임은 사랑이나 관용이 거의 없는 인물로 묘사된다. 위고의 패턴이라고 하면 그뿐이지만, 인간이 인간을 심판하는 모독을 간과할 수 없었다.

죄인에게 관용을 베풀어야 한다는 단순한 주장을 반복하는 것이 아니다. 죄인이 왜 죄를 짓게 됐는지 그 원인을 직시하며 인간 심리의 극한과 현실 사회의 모순을 서로 대비하는 묘미로써 밝혀 나갔기 때문이다.

그의 심정은 펜으로만 끝나지 않았다. '사형 반대' 운동에 선봉장 역할을 한다. 생명이 얼마나 존귀한지, 인간이 얼마나 잘못을 저지르기 쉬운 존재인지, 교육과 생활여건 개선에 최선을 다하지 않고 사람을 심판하는 것이 얼마나 체제적 발상인지를 절규하고 싶었을 것이다.

생명력 넘치는 위고는 비참하고 가난한 민중에게 위선으로 끝나는 일은 결코 하지 않았다. 위고에게 생각은 곧 행동을 의미했다.

민중의 목소리를 작품에 되살리는 한편, 그는 사회에 만연한 악을 날려 버리기 위해 정치에도 깊은 관심을 기울였다.

위고가 정치에 대해 갖고 있는 생각은 왕당파, 보나파르트파, 공화파로 세 번 바뀌었다. 그리고 나폴레옹 3세 시대에 위고는 파리의 국회의원에 당선돼 넘치는 열정을 정치에 쏟아부었다. 1848년, 위고의 나이 마흔여섯 살 초여름이었다. 그러나 그의 정치 인생은 불과 3년 만에 막을 내린다.

의원으로서 기량을 갖추지 못한 것은 아니다. 인간의 '이상'을 추구하며 문학 분야에서는 정상을 향해 나아간 위고였지만, 야심과 기만, 허영이 소용돌이치는 정치계에서는 그들의 농간질 앞에 고립무원의 상태로 내몰렸다.

시도, 소설도 중단하고 몰두한 결과가 그러했다. 《레미제라블》의 초고이기도 한 '레미제르'도 중도에 포기하고 정치에 열정을 쏟은 위고는 쓴맛을 봐야 했다.

위고가 정치가로서 한 일은 빈곤 해결, 교육권 독립, 자유 옹호 등 민중의 지위 향상의 구상을 담은 열변이었다. 그러나 문학가로서의 정직한 이상주의는 노련한 야심가들에게 너무 쉽게 놀아났다. 위고는 1851년 7월 나폴레옹 3세의 야망을 탄핵하는 의회 연설을 끝으로 영국 해협의 저지섬, 건지섬으로 망명하게 된다.

망명지에서 위고는 다시 살아 돌아온 듯 무서운 기세로 창작 활동에 몰두한다. 위고의 불꽃은 작은 섬의 고요한 풍경 속에서도 거세게 타올라 꺼지지 않았다.

위고는 먼저 정의로운 언론을 봉쇄한 나폴레옹 3세를 신랄하게 비판한 소설 《소인배 나폴레옹》을 저술하고, 이를 벨기에 브뤼셀에서 은밀히 출판했다. 또 《징벌시집》을 써서 현 정부를 철저하게 공격했다.

인간은 팔다리가 없어져도 입이 있다. 입이 틀어 막혀도 마음은 꺼지지 않는다. 위고에게 침묵은 생각할 수 없는 일이었다. 하늘로 올라가든, 땅 밑으로 들어가든 정의를 계속 외치고 싶다는 일념이 작품의 물줄기가 됐다.

십여 년 동안 미뤄두었던 《레미제라블》도 다시 착수해 장편 소설로 완성했다. 《여러 세기의 전설》 등 인간의 행위를 그 시초부터 그려낸 웅대한 작품이 탄생한 것도 이때의 망명 기간이었다.

격렬한 열정이라도 내면 없이 그저 나아간다면 얕은 바닥에 머무를 뿐이다. 위고의 열정은 깊은 곳까지 추구했다. 《정관시집》은 자기 내면을 끝없이 탐구하려 했던 그의 또 다른 면모이기도 하다.

망명한 섬을 떠나 파리 땅을 다시 밟은 것은 정확히 19년 뒤인

1870년, 예순여덟 살 때였다. 그러나 귀국 후 곧바로 보불전쟁에 반대를 표명하고, 이듬해에는 국민의회 의원에 당선돼 고령에도 불구하고 한 치도 물러서지 않는 나날을 보냈다. 창작 활동도 더욱 왕성해졌다.

임종 직전까지 창작에 대한 뜨거운 마음이 불타올랐다. 《93년》과 《테오필 고티에에게 바치는 애도시》에서 그 불꽃을 볼 수 있다.

위고는 83년의 생애를 마감했다. '불'과 같은 '삶'이었다. 한 인간이 거센 파도와 격투하면서 '삶의 환희'를 계속 부르짖고, 머나먼 바다를 향해 노를 저어가는 씩씩한 모습을 국민들에게 각인시키며 홀연히 떠나갔다.

위고의 관은 개선문 아래 안치돼 영웅으로 칭송받았다. 이후 그의 유해는 판테온(위인들의 묘가 있는 프랑스 사원)에 안치됐다. 그러나 그에게 무엇보다 영광스러운 일은 세계인의 마음에 작품의 생명이 계속 불타고 있다는 것이리라.

위고는 그야말로 빅토르(승리)의 사람이었다.

제6장
인류애에 살아간 타고르

TAGORE

라빈드라나트 타고르(1861~1941) 인도 벵골 주 콜카타의 저명한 브라만 가문에서 태어난 타고르는 《기탄잘리》의 저자이자 아시아 최초 노벨문학상을 수상.

1977년 6월, 월간 〈우시오〉에 게재된 내용입니다.

어느 날 아침, 나는 녹음이 우거진 무사시노의 자연 속에 서 있었다.

대나무 숲이 하늘을 향해 늠름하게 솟아 있고, 복숭아꽃도 주위에 따스함을 풍기며 자신의 청춘을 뽐내고 있었다. 신록을 옷으로 둘러 입은 새하얀 조팝나무의 천진난만한 모습에 미소가 흘러나왔다.

그러나 아침이 준 가장 큰 선물은 내가 멈춰 선 모퉁이에서 연푸른 빛깔의 대나무가 무리 지어 자라나, 차츰 온기를 띠기 시작한 햇살과 상쾌하게 부는 바람에 이끌려 내는 산뜻한 소리였다.

태양이 축복하고

푸른 하늘과 흰 구름이

지켜보는 가운데

바람이 중개자가 되어

대나무와 대나무가 살랑살랑

악수하며 이야기를 나눈다

무심코 나는 한때의 소박한 감개를 메모하고 있었다.

먼 옛날 그리스 사람들은 야외극장에서 상연되는 연극을 보고 정신을 정화하며 위안도 얻었다고 하는데, 지금 나를 차분히 감싸는 꾸밈없는 무사시노의 자연이 그 어떤 연극 못지않게 내 마음을 평온하게 한다.

몇 번이나 이곳을 방문했던가. 교육의 거점은 자연에 둘러싸인 환경 속에 만들고 싶다는 것이 내 꿈이자 염원이기도 했다.

1976년 봄, 나는 무사시노의 얕은 언덕에 있는 소카대학교 입학식에서 인도의 시성(詩聖) 라빈드라나트 타고르에 관해 말했다.

타고르가 세계적인 시인임을 모르는 사람은 없겠지만, 교육에도 심혈을 기울인 사람이었다는 사실은 시성이라는 명성에 비해 잘 알려져 있지 않다.

타고르는 1901년 서른아홉 살 때 콜카타에서 북쪽으로 약 80마일 떨어진 샨티니케탄(평화의 마을)에 몇몇 아이를 데리고 이상적인 교육의 첫걸음을 내디뎠다. 그곳은 풍부한 자연에 둘러싸인 곳이었다.

수업은 모두 야외의 나무 그늘에서 진행했다고 한다. 드넓은 대지를 뛰어다니며 벌레 소리에 귀를 기울이고 바람과 호흡하고 몸을 맡기면서 아이들도 무럭무럭 재능의 싹을 키웠을 것이다.

인간은 자연의 일원이다. 자연과 인간은 서로 대립하기 위해 존재하는 것이 아니라, 서로 융합하고 협조하기 위해 살아간다. 인간은 그 속에서 '어떻게 가치를 창조하는가'라는 사명을 받은 주인공이라고 나는 생각한다.

그렇다면 학문은 자연을 정복하기 위해서가 아니라, 인간으로서 갖춰야 할 소양과 인간다움을 연마하기 위해 존재한다고 생각할 수 있다. 그런 의미에서도 자연은 그 자체로 견줄 데 없는 교사다. 샨티니케탄에서 타고르는 자연을 최고의 교사로 맞이해 아이들을 육성했다.

현재 타고르가 창설한 샨티니케탄의 학교는 인도 독립 후, 비스바바라티대학교(속칭 타고르국제대학교)라는 국립 종합대학으로 발전해 현대적 시설을 자랑하고 있다.

그곳에서 타고르의 협조정신이 맥맥이 계승되고 있음은 대학정신에 명시한 그의 말에서도 알 수 있다.

'동양과 서양의 만남을 알고 궁극적으로는 두 반구의 자유로운 사상 교류를 확립해 세계평화의 기본 조건을 강화한다.' 타고르의 이런 이상(理想)을 젊은 학자에게 강조했다고 한다.

일반적으로 서양문명은 '돌의 문명'이라고 하고, 동양문명은 '숲의 문명'이라고 한다. 사실 이 두 문명의 이질성은 인정할 수밖에 없다.

그러나 이질성은 대립성이 아니다. 서로의 차이를 배우고 보완하는 가운데 새로운 문명의 승화가 가능해진다.

'숲의 문명'에서 자란 타고르는 그 장점을 교육 현장에 살리려고 했다. 그러나 타고르는 서양문명을 비판할 생각은 조금도 없었다.

확실히 타고르는 보편적인 인간이었음에 틀림없다. 이는 인도를 사랑하고 동양을 경애하면서 서양적 분위기도 함께 갖추려고 노력한 모습에서도 볼 수 있다. 같은 인도 사람인 간디가 굳이 말하자면 인도 민족주의의 '정신적' 존재로서 인종차별과 민족해방을 위해 힘쓴데 반해, 간디와 공통된 주장을 하면서도 타고르의 눈은 세계로 향하고 있었다. 그리고 그것은 분명 교육에서 가장 중요한 점이라고 확신했을 것이다.

타고르의 이런 생각은 일련의 활동에서도 여실히 드러난다. 영국 정부가 벵골을 분할하려고 할 때였다. 조국과 벗을 자신들의 속셈에 따라 갈라놓으려는 무도함에 타고르는 격분했다.

타고르는 낙천적인 성격을 가진 사람이기도 했다. 시 중에도 유머넘치는 작품이 많다. 훤칠한 체형과 신비로운 흰 수염을 기른 타고르의 말년 사진을 보면, 동양의 성찰과 서양의 세련미가 같이 있는 것처럼 느껴진다. 그런 면을 보고 귀족적인 취미를 갖고 있었다며 비난을 퍼붓는 사람도 있다. 그러나 그것은 타고르의 내면과 대화하지 않으려는 사람의 말이 아닐까. 사람은 겉모습만으로는 알 수 없다. 그 까닭은 다양한 정신의 변화 중 일부가 밖으로 드러나 있는 데 지나지 않기 때문이다.

타고르는 샨티니케탄에서 생활을 시작한 지 얼마 지나지 않아 사랑하는 아내와 두 아이를 잃었다.

'운명을 저주한다는 것은 이런 것인가.' 훗날 이렇게 회상한 타고르는 온몸이 찢어지는 듯한 슬픔을 가슴속에 담으며 험난한 정치운동에 뛰어들었다.

무엇을 시작할지 상상조차 할 수 없을 정도로 조국은 흥분에 휩싸여 있었다. 그 속에 내던져진 타고르의 불을 뿜는 펜은 민중의 봉기를 잇따라 촉진했다. 벵골의 대지를 종이로 삼고, 자신의 몸을 펜으로 삼으며 자기 입을 문자로 삼겠다는 생각으로 세차게 뛰어다녔다.

타고르에게서 '명상'을 떠올리는 사람은 많지만, 내면에 감춰진 비애와 격정의 바다를 떠올리는 사람은 드물다. 한없는 애석함이 극에 달한 끝에 낙관주의를 깨닫고, 격정 속에서 철학의 심원함을 추구했다고 하면 지나친 말일까.

어쨌든 타고르는 인도 최대의 정치적 동란이 인도 민족주의와 영국 제국주의의 항쟁이라는 차원에 빠지는 것을 무엇보다 두려워했다. 영국을 날카로운 논조로 공격하면서 과격한 행동에 나서려는 국내의 동포에게도 폭력으로는 인도를 구할 수 없고 평화도 달성할 수 없다고 외치며 호소했다.

영국을 적으로 삼아 일어선 민중의 뜨거운 눈물에 공감하면서도 냉엄하게 행동의 방향을 응시하는 일도 잊지 않았다. 이는 타고르가 철학자이기도 했기 때문일 것이다. 격분에 찬 글을 쓰며 무분별한 테러리즘을 결사적으로 막았다.

그러나 타고르가 세상을 떠난 지 수십 년이 지난 오늘날 벵골, 파키스탄, 인도의 항쟁을 알게 된다면 얼마나 한탄스러운 표정을 지을까.

타고르가 믿는 진리는 대체 어떤 것이었을까. 타고르는 힌두교 가정에서 자랐지만, 힌두교에는 관심을 보이지 않은 모양이다. 저작을 훑어보면 우파니샤드와 불교에 기초를 둔 듯하다.

우파니샤드에서는 브라만인 우주와 아트만인 개인이 일여(一如)의 관계에 있음을 형이상학적으로 수립한 범아일여(梵我一如)를 근본으로 한다. 단지 타고르는 관념적, 사변적으로 이 원리를 파악하는 것을 좋아하지 않았고 그대로 생활 속에, 사회 속에 나타나기를 추구했다. 그것이 타고르를 불교로 향하게 한 원인이기도 했을 것이다.

타고르의 수많은 작품 중에 《사다나(Sadhana)》라는 저서가 있다. 《생의 실현》이라고 번역하는데, 그 책에서 램프를 비유로 들어 불교의 정신을 말했다.

"램프에는 연료가 들어 있다. 그러나 기름은 밖으로 새지 않도록 기름통 속에 밀폐돼 있다. 이렇게 램프는 주변의 모든 것에서 분리돼 탐욕스러워진다. 그러나 불이 켜지면, 램프는 곧바로 자신이 존재하는 의미를 명확히 한다. 램프와 주변의 모든 것 사이에 관계가 확립되고, 타오르는 불을 강하게 하기 위해 비축해둔 연료를 자유롭게 희생한다."[16]

이렇게 이야기한 뒤 우리의 자아(自我)도 램프와 같고 "불타(佛陀)가 제시한 길은 단순히 자신을 내버리는 실천이 아니라, 사랑을 넓히는 것이었다. 또 여기에 불타가 설한 가르침의 진정한 의미가 있다"[17]고 말했다.

작은 '자아'를 포섭하면서 더 큰 '진아(眞我, 진정한 자아)'로 자신을 창조하는 것, 이것이 타고르가 말하는 '자아의 각성'이다. 램프라는 흔한 사물을 이용해 인간이 추구해야 할 삶의 자세를 가르친 이 비유는 지금도 사람들의 가슴을 울린다.

오늘날 사회에서 자아는 이기심에 가깝다. 이기심이라는 노골적인 에너지 앞에서 가냘픈 자기희생의 사랑 따위는 날아가 버린다. 램프에 불을 붙이는 중요성보다 기름이 줄어드는 데 마음 아파하고 있다. 인류를 사랑하기 위해서는 이기심보다 뛰어난 에너지가 필요하다. 용기 없이 할 수 있는 일이 아니다.

타고르는 인류애를 용기 있게 실천한 사람이었다. 타고르가 신봉한 불교 교의는 법화경에 가장 가까웠다고 한다. 어느 때는 몇 시간에 걸쳐 명상한 뒤 정치와 아이들을 위한 교육의 뜰에 자신의 몸을 내던졌다. 대승보살을 방불케 하는 행동이다.

타고르의 사상은 증오의 측면을 언제 보일지 모르는 편협한 사랑이 아니다. 대지에서 초목이 자라고, 물이 만물의 갈증을 풀어주는 듯한 대우주의 창조적인 생명력을 가리키고 있었다.

영국 정부의 조국 분할정책에 맞서 싸우면서도 편협한 민족주의에 결부시키지 않은 행동의 이면에는 틀림없이 이런 철학적 신념이 있었을 것이다.

타고르의 이 고귀한 사상과 행동은 유원함을 떠올리게 하는 《기탄잘리》라는 아름다운 시로 결실을 거뒀다. 신에게 바치는 노래라는 의미를 가진 100쪽 가량의 이 시는 앙드레 지드를 통해 프랑스어로 번역되자마자 순식간에 세계의 주목을 받았고, 타고르는 동양인 최초로 노벨문학상을 받았다.

단번에 세계적인 명성을 얻은 타고르에게 영국 정부는 기사 칭호를 수여하며 예우했다. 그러나 3년이 지난 1918년 봄, 펀자브에서 무

방비 상태의 민중을 사살한 영국 경비대의 행동에 분노해 미련없이
칭호를 반납해버렸다.

또 일본에 관심이 많아 두 번에 걸쳐 일본을 방문해 우인도 많았다.
고결한 인품을 지녔지만, 중일전쟁이 일어나 일본이 중국을 침략하
자 통렬히 비난하며 일본의 우인과도 절교했다.

그리고 점차 다가오는 세계대전의 기운을 염려한 나머지, 결국 병
상에 눕게 됐다. 시인 특유의 예리한 감수성으로 피할 수 없는 운명
임을 깨달았을 것이다.

인간이 인간을 지배하거나 국가가 국가를 침략하는 행태는 타고르
에게 가장 큰 악(惡)이었다. 가장 기피해야 할 암운이 타고르의 의지
와 정반대로 마치 비웃기라도 하듯 드리워졌다. '어떻게 하면 이 풍파
를 막을 수 있을 것인가.' 이런 근심이 분명 타고르의 수명을 적어도
몇 년은 단축시켰을 것이다.

인간이 어떤 인생경로를 걷든, 가장 말년에 비극이 찾아오는 것만
큼 비참한 일은 없다. 타고르의 원통함은 생각보다 컸을 것이다. 죽
음을 앞두고도 타고르는 체코의 벗에게 격분에 찬 시를 보냈고, 캐나
다 국민에게 라디오 방송으로 분기를 촉구했다. 시를 쓸 체력이 쇠한
뒤에는 구술로 시를 지었다.

타고르의 생명 그릇에 가득 찬 기름은 마지막 한 방울까지 인류애의 불꽃으로 빛났다. 타고르는 일본이 진주만 공격에 착수하려 한 1941년 여름, 빛과 같은 81년의 생애를 마감했다.

그는 그 무기를 자신의 신으로 삼았다.
그의 무기가 승리를 거둘 때 그 자신은 패배한다.[18]

타고르는 세상을 떠났지만, 그의 혼이 담긴 잠언은 여전히 강한 울림으로 우리에게 다가온다.

제7장

노벨의 유산

NOBEL

알프레드 노벨(1833~1896) 스웨덴 발명가이자 화학자. 과학의 진보와 세계 평화를 염원한 그의 유언에 따라 1901년부터 노벨상 제도가 실시.

1977년 7월, 월간 〈우시오〉에 게재된 내용입니다.

불꽃처럼 필사적으로 살아간 한 사람의 일생은 사회를 초월해 시대의 저편에 반짝이는 별이 돼 빛나는 법이다.

화려하게 연출된 영광스러운 영상이 사람들의 뇌리에 새겨져 그대로 후세에 전해지는 경우도 있다. 고독과 고투의 생애가 망각의 여러 성상을 거쳐 돌연 역사의 영예로운 무대에 등장하는 경우도 있다. 박해와 순교의 죽음이 대하와 같이 도도히 흐르는 인류사의 흐름을 바꾸는 경우도 결코 드물지는 않다.

하지만 과학문명이 비상하는 시대에 출현한, 뛰어난 영혼인 노벨의 삶과 죽음이 현대인에게 선명한 빛을 발하는 까닭은 고금에 유례 없는 '유서 한 통' 때문이다.

노벨의 인생에는 늘 빛과 그림자가 교차했다. 칭찬과 중상, 숭배와 증오의 폭풍우가 어지럽게 풍향을 바꾸며 끊임없이 휘몰아쳤다. 이 그림자 부분이 노벨이 유서를 작성하는 복선이 된다.

과학기술의 비약적인 발전에 기여한 방대한 수의 발명은 천재라는 이름에 부끄럽지 않다. 그러나 그 발명에는 평생 전쟁과 불행의 그림자가 따라다녔다.

이는 노벨의 죽음에서도 상징적으로 드러난다. 사인(死因)은 뇌출혈이었다. 심장질환이 노벨의 생명을 갉아먹고 있었다. 결국 발작이 노벨을 덮쳤다. 1896년 12월이었다. 유언집행인인 랑나르 솔만은 이렇게 썼다.

"알프레드 노벨의 임종에는 깊은 비애가 서려 있었다. 기회가 있을 때마다 노벨이 편지에서 말한 예감이 적중했다. '돈으로 고용한 하인들에게 둘러싸여 있을 뿐, 다정한 손길로 눈을 감겨주고 진심으로 위로의 말을 속삭여줄 사람도 곁에 없는 채로' 노벨은 세상을 떠난 것이다. 노벨은 여러 차례 발작으로 불안해져 무심코 일어서려 하면 주위에서 말렸다. 심각한 언어장애가 찾아와 (중략) 고용인에게 이해할 수 없는 온갖 단어를 말했다."[19]

조카와 솔만에게 연락이 갔지만, 임종을 앞두고 도착한 사람은 없었다. 노벨은 옆에서 지켜보는 사람도 없이 그저 홀로 외로이 생(生)과 사(死)의 문턱을 넘었다.

쓸쓸한 어느 노인의 고독한 죽음이었다.

후세 사람들은 폭탄 역사의 한 페이지를 할애해 이 노인의 이름을 기록할 것인가. 당대 최고의 사업가로 어느 정도 평가하는 데 그쳤을 것이다. 아니면 죽음의 상인이라는 오명마저 뒤집어썼을지도 모른다. 만약 이 왜소한 노인의 가슴속에 맴도는, 인류의 영원한 평화를 향한 뜨거운 집념이 알려지지 않았다면 말이다.

전 세계 사람들은 노벨이 죽음 직전에 이룬 혼의 고양과 깊은 속내를 유언장이 공개돼서야 알게 됐다.

20세기의 노벨상으로 꽃을 피운 유언장이 작성된 때는 죽기 한 해 전, 심장질환이 악화되기 시작한 무렵이라고 한다. 자신의 수명을 깨달은 생명이 마지막 힘을 쥐어짜고 연소하여 '인류에게 남기는 유서'가 돼 빛을 발한 것이다.

노벨 인생의 총결산이자 혼의 작렬이었다.

그런데 이 특이한 인물은 무엇 때문에 '혼의 유언'을 써야 했을까. 여기에 노벨을 이해하는 모든 열쇠가 숨어 있다.

노벨은 독특한 인격의 소유자였다. 어떤 의미에서는 모순된 사람이라고 해도 좋다. 어릴 적부터 병약했다. 그러나 행동력은 왕성했다. 정규 교육은 받지 못했다. 그러나 선천적으로 예민한 지성을 구사해 과학적 난제를 잇따라 극복했다.

전문은 폭약이다. 그러나 그래서인지 폭력과 전쟁을 더없이 증오했다. 세계주의자이면서 동시에 조국 스웨덴을 열렬히 사랑했다. 과학기술자이면서 동시에 시와 문학에 대한 풍부한 정서를 타고났다. 게다가 현실을 냉정하게 판단하는 사업가의 재능도 출중했다.

그렇다고 사교적인 성격은 아니었던 모양이다. 내성적이라 남과 어울리기 싫어하는 경향이 있었다고 한다. 하지만 사악(邪惡)에 맞서 감연히 도전하고, 약한 사람에게 연민의 정을 베푸는 등 인정미도 넘쳤다.

노벨에게는 격렬한 내적 대립이 소용돌이치고 있었다. 노벨은 병약함과 행동성, 지성과 정열, 이상주의와 현실주의 그리고 무엇보다 전쟁과 평화라는 양극단에 몸을 두고 있었다. 노벨은 늘 괴로워했다. 고투와 고뇌를 강철과 같은 의지로 견뎌야 했다. 자연에서 쉬는 시인이 되고 조용한 연구자로 일생을 마치겠다는 노벨의 소망은 그가 이룬 업적, 아니 그가 만들어낸 괴물이 무자비하게 깨뜨렸다.

보기 드문 다채로운 재능을 지녀도, 가정의 평온과 개인적인 행복을 희생해 도전해도 한평생 제어할 수 없을 것 같던 괴물, 그것은 근대과학 문명 그 자체였다.

과학의 진리에 도전하는 사람은 있었다. 사상과 과학 탐색에 뛰어드는 사람도 있었다. 평화를 위한 투쟁에 존귀한 일생을 바치는 사람도 적지는 않았다. 그러나 근대과학 문명의 정점에 서서, 이와 격투하며 피투성이의 생애를 걸은 인물은 노벨이 처음이었다.

때는 19세기 후반, 유럽 일각에서 화려한 함성을 울린 서양의 근대과학문명은 초기 이론혁명을 도약대로 삼아 마침내 그 성과를 현실 사회에 적용하는 기술혁명의 단계에 돌입했다. 과학기술이라고 하면 무조건 예찬하는 시대였다.

노벨은 그 기술혁명의 선구자가 돼야 할 운명을 짊어진 사람이었다. 그렇기에 과학 속에 내포된 문제를 깨닫고 깊이 고민하며 번민했다.

소년 시절, 형 두 명과 함께 가업인 화약 제조에 힘썼다.

화약은 토목기술, 광산기술, 철도 개통, 또 이와 관련된 산업에 꼭 필요한 이기(利器)이자 기술혁명의 꽃이었다. 동시에 폭약은 요새를 파괴하고 대포를 발사시켜 마을과 사람을 깨뜨려 부순다. 필연적으로 군사산업과도 연결된 분야다. 그 속에서 청년 노벨의 숙명과도 같은 별이 탄생했다.

기술혁명을 거쳐 비약적인 발전을 이룬 과학기술은 유사(有史) 이래 인류가 처음으로 손에 넣은 거대한 힘이었다. 그 힘을 활용하면 문화를 고양하고 문명을 쌓아올려 인간의 행복을 불러오는 이기가 된다. 만약 그 힘을 조금이라도 잘못 사용하면 기술의 폭주를 허용해 파괴와 살육을 일삼는 악마의 무기로 바뀌고 만다.

어떤 분야의 발견과 발명도 선악의 양면성을 지니고 있다고 생각해야 한다. 이 진실을 전 세계 사람들이 당면한 때는 겨우 반세기가 지난 뒤였다. 순수이론 학문이라 불린 이론물리학이 핵에너지를 개방하는 방법을 발견함에 따라 원수폭의 출현으로 이어졌다.

청년 노벨은 20세기 과학자들의 이런 통찰과 고뇌를 먼저 인식했다.

과학기술의 발달이 인류의 행복에 필요한 '수족(手足)'임은 의심할 여지가 없다. 이를 포기하는 것은 아무런 가치가 없다. 그렇다고 힘의 폭주를 허용하고 파괴의 흉기로 삼는 곳에 평화의 성을 쌓기를 바랄 수도 없다.

그렇다면 거대한 힘을 행복과 평화의 방향으로 제어하는 길밖에 남지 않는다. 청년은 괴물과 격투를 벌이는 길을 선택했다.

노벨은 행복으로 가는 힘의 원천은 발명이라고 믿었다. 뇌관, 다이너마이트, 플라스틱, 젤라틴, 발리스타이트의 발명과 인조견사, 인조고무, 인조보석의 연구 나아가 기계, 석유, 의학, 생리학 분야에 이르기까지 발명정신은 멈출 줄 몰랐다.

고난의 길이었다. 다이너마이트, 다시 말해 안전화약을 발명하기까지는 수많은 참사를 겪어야 했다. 실험 중에 친동생을 잃었다. 화약 운송사고, 공장 폭발이 인명을 손상시키기도 했다.

노벨은 비난의 화살을 한몸에 받으면서도 신념의 길을 개척하려고 했다. 발명을 인류의 행복에 결합시키는 것이 삶의 보람이기도 했다.

발명에만 머물러서는 의미가 없다. 악용될 우려가 있다. 노벨은 이렇게 말했다. "내 발명은 내가 발달시켜야 한다. 그렇지 않으면 올바르게 이용하는 길을 발달시킬 수 없을 것이다."

이 말은 발명의 주요 부분이 화약이라는 점과 당시 세계의 모습을 보면 충분히 이해할 수 있다. 살아 있는 동안 노벨의 발명은 전쟁에 전용(轉用)됐다. 노벨은 이를 필사적으로 막으려고 했다.

본의 아니게 전 세계를 누비는 사업가의 역할도 떠맡았다. 실무 감각도 갖춘 사람이었지만, 그로 인해 노벨은 점점 더 고뇌하는 사람이 됐다.

어느 때는 정치가에게 배신당하고, 학자에게는 발명의 공적을 빼앗기고, 신뢰하던 친구에게도 배반당했다. 노벨의 내성적이고 남과 어울리기 싫어하는 성격의 일면이 이런 운명을 형성한 것인지도 모른다. 심장 발작이 찾아와도 편히 쉴 수조차 없었다. 말년에는 시를 즐길 여유도 잃었다.

병든 몸을 혹사하고 수명을 단축하는 고투에도 불구하고, 노벨이 만든 괴물은 맹렬한 기세로 변모하기 시작했다. 지구는 그야말로 화약고의 양상을 띠고 있었다.

노벨은 소년 시절에 자연과 나눈 대화가 평화를 향한 열망의 영양

소였다고 스스로 말했는데, 청년 시절에 시인 셸리에게서 받은 영향과 이를 통해 얻은 시정 풍부한 평화주의가 전쟁주의자들의 검은 마수에 잠식돼 절망적인 싸움을 벌이는 모습은 처절하기까지 했다.

전쟁에 사용하는 폭약을 발명한 사람이 평화 촉진을 외치는 것은 이상하다는 비난이 있다. 그러나 이것은 노벨이 과학기술을 어떻게 생각했는지를 이해하지 못한 것이다. 노벨에게는 발명자가 악마가 아니라, 사용자가 악마였다. 그러나 그럼에도 자신이 해야 할 역할을 계속 모색했다. 기술적으로 폭약의 파괴력을 최대한으로 높이면, 오히려 폭약 자체가 전쟁을 억제할 것이라고 생각하기도 했다.

나는 군비 증강을 통한 전쟁 억지론에는 반대한다. 그러나 이런 생각은 금세기의 슬픈 현실이 되고 말았다.

전쟁방지 대책은 평화를 교란하는 나라에 맞서 각국이 공동으로 방위에 힘쓰는 것이라고 주장한 적도 있다. 이것은 유엔(UN)의 기본 이념에 부합한다.

그리고 광범위한 계몽이 인류의 혼을 고양해 이윽고 평화가 전쟁을 해소할 것이라고 믿는다.

새로운 세기가 개막하기까지 몇 년 남지 않은 1895년 말, '혼의 유언'이 작성됐다. 노벨에게는 막대한 유산이 있었다. 그 유산으로 기금을 만들고 그 이자로 해마다 인류에게 공헌한 사람들에게 상금을 수여한다. 물리학, 화학, 생리학, 의학상의 중요한 발견, 사상적 문학에 이바지한 기여, 그리고 세계평화를 위한 노력에 대해 상을 수여한다. '이 상금은 국적을 불문하고 수여하기로 한다. 스칸디나비아인이든 외국인이든 가장 훌륭한 자격이 있는 사람에게 수여하기 바란다.' 이것이 유서의 개요였다.

과학기술문명과 벌이는 격투에 장절한 인생을 걸어온 생명의 절규다. 자신이 창조한 괴물의 크기를 두려워하면서도 그 평화적 사용을 위해 진흙투성이가 돼 동분서주하면서, 커다란 절망과 더불어 희미하지만 인류의 미래를 비추는 확실한 광명(光明)을 확인하려고 노벨은 기원하는 듯한 심정으로 세상을 떠났을 것이다. 아니, 그런 마음을 품지 않았다면 노벨은 구제받지 못했을 것이다.

아직도 세계에는 동란이 들끓고 있다. 장밋빛 평화의 싹은 발견하기 어려워 보인다. 그러나 인류는 어둠 속에 멸망해서는 안 된다.

평화와 올바른 기술의 발달, 그리고 시정이 풍부한 정신을 향한 별빛을 아름답게 빛내야 한다. 고투의 생애를 마칠 즈음에 유서 한 통을 빌려 나타낸 노벨의 혼은 후계의 벗을 불러냈다.

노벨은 생전에 수많은 발명을 이뤄내는 업적을 세웠지만, 그보다는 사후에 노벨상을 남긴 공적이 세상에 더 많이 알려졌다.

　그러나 그것이 특정 개인의 업적을 기리는 상으로 끝나거나, 평화와 반대 방향으로 나아가는 풍조에 제동을 걸지 못한다면 그 의미는 사라질 것이다.

　한 과학자가 남긴 유산이 인류의 추악한 항쟁을 막고 평화를 위해 노력을 촉구하는 정신적 유산이 돼, 일부 사람에게만 그치지 않고 모든 사람의 마음속에 살아 숨쉴 때 그 비원(悲願)은 분명 달성될 것이다.

　어쨌든 과학기술의 발전이 세계평화로 연결되지 않는 현대사회를 보고, 노벨은 자신의 숙업을 느끼며 깊은 슬픔의 노래를 듣고 있지 않을까.

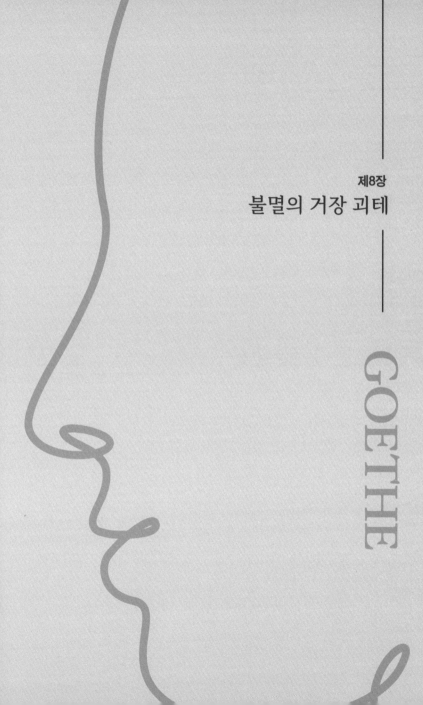

제8장
불멸의 거장 괴테

GOETHE

요한 볼프강 폰 괴테(1749~1832) 독일 작가. 대학에서 법학을 전공했지만 소설 《젊은 베르테르의 슬픔》, 희곡 《파우스트》 등을 남긴 위대한 작가.

1977년 8월, 월간 〈우시오〉에 게재된 내용입니다.

참으로 난해하지만 왠지 모르게 젊은 시절부터 곁에 두고 읽은 책 《파우스트》를 생각하면 단테의 《신곡》이 함께 떠오른다.

500년이라는 세월을 사이에 두고, 유럽 정신사에 우뚝 솟은 이 양대 산맥이 나타내는 것은 모든 면에서 대조적인 세계상이라 해도 좋다.

《신곡》이 경건한 신에 대한 찬가라면, 《파우스트》는 고뇌에 찬 인간에 대한 모색과 찬가를 담은 책이기도 하다. 단테의 세계가 신앙의 궤도라는 확실한 행복의 길을 나아가는 코스모스라면, 《파우스트》에 일관된 기조는 복잡하게 뒤얽힌 회의(懷疑)에 물든 카오스라 해도 좋다.

역시 거기에는 정복(淨福)에 대한 생각이 강조돼 있기는 하다. 그러나 그것은 새로운 생명의 충만을 예감하는 것이면서도, 카오스 저편에 희미하게 보이는 서광의 공간과도 비슷한 것이었다. 괴테가 예감한 '여명'이란 무엇이었는가. 과거 '신(神)'이 중심이던 시대에서 인간이 주역인 시대를 향해 괴테가 남긴 거대한 발자취는 만유유전(萬有流轉)의 중추적인 자리를 신에서 인간으로 옮기는 가교작업이었다.

올바른 길에서 벗어나지 않는 한

인간은 한없이 아름답고

인간은 영원히 위대하다.

《세계시인전집1 괴테 시집》[20] 중 '도른부르크에서'

괴테는 인간을 칭송하고, 인간을 묘사하고 그리고 인간을 창조했다. 괴테에게 신이란 인간 안에, 아니 만물 안에 있는 무언가였다.

대체 외부에서 세계를 움직이는 신은 무엇인가.

그저 손끝으로 온 우주를 돌리는 신은 무엇인가.

신은 진실 세계를 내부에서 움직여야 한다.

신은 자기 안에 자연을 넣고

또 자연 안에 자기를 넣는다.

그러므로 신 안에 사는 것,

신 안에 존재하고 작용하는 것,

이 모든 것이 신의 비밀스러운 힘과 신의 정신을 품어야 한다.

인간 내부에도 또한 온 우주가 있다. 그렇기에

자신이 알고 있는 최선이자 최고의 것을

'신'이라 이름하고 '그'라고 부르며

신에게 천지를 바치고 신을 경외하니

필시 신을 사랑하는 것은

고대 국가 백성들의 칭찬할 만한 관습이다.

《세계시인전집1 괴테 시집》[21] 중 '에피그램'

괴테의 청춘 시기를 장식한 슈투름 운트 드랑(질풍노도) 운동은 유럽, 그중에서도 독일 민족의 정신을 뒤덮은 중세적 신의 관념을 날려버리는 인간의 외침이었다.

그 운동은 60여 년에 걸친 창조에 이은 창조의 인생에서 하나의 파랑에 지나지 않는다. 그러나 괴테가 선배 헤르더의 영향을 받아 전개한 투쟁은 독일문학 전체에 하나의 새로운 시대를 불러오기에 충분했다.

질풍(슈투름)과 노도(드랑), 그것은 그야말로 깊은 안개 속에 서 있는 게르만 숲에 몰아치는 질풍이자, 기독교 수도원의 기반을 무너뜨리는 노도였다. 그러나 그것은 안개가 걷히고 견고한 석벽이 붕괴된 후에 찬란한 햇살을 받아 생을 구가하는 인간군상이 난무하는 서곡이기도 했다.

이 시기의 대표작은 《젊은 베르테르의 슬픔》이다. 샤를로테 부프를 격렬히 사랑한 자신의 체험과 친구 예루살렘의 자살을 소재로 단숨에 쓴 이 소설은 전 유럽에 열광적인 도취를 불러일으켰다. 1774년, 괴테가 스물다섯 살 때였다.

그 이듬해 괴테는 신진기예의 대공(大公) 카를 아우구스트의 초청으로 바이마르 공국으로 건너가 정치생활에 들어갔다. 공국의 재원 마련을 위해 광산을 개발하고 조림 사업에서도 공적을 남겼다.

이 기간에도 《겨울의 하르츠 여행》, 《타우리스섬의 이피게니》 등의 작품을 썼지만, 역시 바쁜 정무로 인해 창작은 정체되는 경향이 있었다.

10년 뒤인 1786년 9월, 휴양차 머무르던 카를스바트를 몰래 출발해 곧장 이탈리아를 향해 남쪽으로 내려간 이유는 시인으로서 괴테가 느낀 억누를 수 없는 충동 때문이었을 것이다. 아우구스트 대공에게 무기한 휴가를 요청하는 편지 한 통만을 남기고, 행선지조차 어느 누구에게도 알리지 않았다고 한다. 베네치아와 피렌체를 거쳐 영원의 도시 로마에 도착한 괴테는 넉 달간 창조와 미술품 견학을 위해 마음껏 돌아다녔다. 그리고 시칠리아섬을 비롯해 이탈리아 각지를 돌아보고, 다시 로마에 돌아와 열 달을 보낸 후 고국 독일의 바이마르에 도착한 때는 만 2년이 지난 뒤였다.

귀국 후 괴테가 놓인 처지는 썩 좋지만은 않았던 모양이다. 바이마르 공국에서 맡아보던 정무는 광산 감독과 학예 관련 이외에는 모두 스스로 거절했지만, 인간관계 면에서 주위의 반응은 차가웠다. 궁정 사람들과는 관계가 냉랭해지고, 바이마르에서 10년 동안 연인으로 지낸 슈타인 부인과도 사이가 틀어졌다. 그러나 한편으로 프리드리히 실러와 교우를 맺고 이를 통해 문학적 정신을 고양한 것은 괴테가 시인이자 문호로서 그 명성을 확고하게 굳혀 많은 결실을 거두는 시대를 열었다.

괴테보다 열 살 어린 실러는 처음 만나 서로 알았을 당시 스물아홉 살이었지만 《군도》, 《간계와 사랑》 등으로 극작가로서 부동의 명성을 얻고 있었다. 괴테가 직관적인 데 반해 실러는 사변적이라는 정반대의 기질을 보였음에도, 아니 오히려 그렇기 때문에 이 두 사람의 협력은 독일문학의 황금시대라고 할 만한 풍요로운 결실을 만들어냈다.

1805년, 괴테가 쉰여섯 살 때 실러는 불과 마흔여섯 살의 나이로 세상을 떠났다. 절친한 벗의 죽음에 괴테가 "나는 내 존재의 절반을 잃었다"고 한탄한 것은 너무도 유명하다.

이 시대는 유럽의 일대 격동기이기도 했다. 대혁명을 거쳐 신생의 의기에 불탄 프랑스는 나폴레옹을 황제로 옹립해 전 유럽을 자신의 판도에 넣으려 했다. 1806년, 900년 가까이 이어진 신성 로마제국이 무너졌다. 나폴레옹은 1808년 10월, 에르푸르트에서 독일 전국의 제후(諸侯)와 회견했다. 이때 괴테도 나폴레옹을 만났다. 괴테가 자리에서 물러난 뒤 나폴레옹은 "이 사람이야말로 인간이다"라며 감탄했다. 괴테 또한 나폴레옹을 존경했고, 며칠 뒤 바이마르에서 나폴레옹을 맞이했다.

말년에 괴테의 주변은 점점 쓸쓸해졌다. 장수하는 사람이 늘 그렇듯 오랜 벗을 차례로 먼저 떠나보냈다. 예순일곱 살 때 아내 크리스티아네가 죽고, 일흔여덟 살 때 슈타인 부인과 카를 아우구스트 대공이 잇따라 죽었다. 단 하나뿐인 아들 아우구스트는 괴테가 여든한 살 때 로마에서 객사했다. 괴테가 여든두 살에 숨을 거뒀을 때 임종을 지켜본 사람은 며느리인 오틸리에 단 한 사람이었다.

그러나 괴테에게는 마지막까지 늙음이란 없던 모양이다. 쉰여덟 살의 괴테에게 정열을 불태우게 만들고 장편소설 《친화력》을 집필하는 에너지를 가져다준 사람은 열여덟 살 소녀 민나 헤르츠리프였다. 일흔네 살의 괴테는 온천 요양을 위해 떠난 마리엔바트에서 열아홉 살 소녀 울리케 레베초프를 보고 첫눈에 반해 결혼을 청한다. 그러나 청혼은 받아들여지지 않았고, 상심한 마음은《마리엔바트의 비가(悲歌)》로 열매를 맺었다.

세계적인 명성을 확립한 말년의 괴테에게는 전 유럽뿐 아니라, 저 멀리 미국에서도 왕후, 귀족, 학자, 예술가가 찾아왔다. 화가들은 앞다투어 괴테의 초상화를 그렸고, 음악가들 또한 경쟁을 벌이며 곡을 만들어 헌정했다. 괴테를 찾아와 친교를 맺은 사람들을 열거하면 놀라울 정도다. 실러를 비롯해 노발리스, 셸링, 횔덜린, 장 파울, 빌헬름 그림 등의 문인은 물론 철학자로는 헤겔이 있었고, 음악가로는《에그몬트》의 서곡을 작곡한 베토벤, 젊은 멘델스존 등이 있었다.

나폴레옹이 "이 사람이야말로 인간이다"라고 괴테를 평했듯이 인간으로서 한없이 풍요로운 마음과 자신이 처한 고난에 꺾이지 않는 강인함, 그리고 드넓은 인간애를 갖고 있었기에 이처럼 기라성 같은 많은 사람이 괴테를 우러르며 모여들었을 것이다.

어쨌든 괴테는 장수했다. 단순히 오래 산 것만이 아니다. 그것은 프랑스의 평론가 발레리가 "나는 괴테의 엄청난 수명에 가장 놀랐다"[22]고 말했듯이, 온갖 시련을 자기 안에 받아들여 나날이 성숙해지는 생명율동의 확실한 확대였다고 해도 좋다.

사랑과 창작, 그리고 연극 활동을 위해 괴테는 살고 또 살고 끝까지 살았다. 정체도 두려움도 나약함도 없이 그 삶에는 '생애 청춘'이라는 기개가 관철돼 있었다. 괴테가 그토록 대성한 비밀을 푸는 열쇠도 여기에 숨어 있다고 생각한다.

파란만장한 그 생애를 바라볼 때 나는 첫째, 유례없는 지속력을 괴테의 특질로 꼽고 싶다. 일생의 대작 《파우스트》 집필에 60여 년에 걸친 세월을 쏟아 붓는 에너지의 지속은 보통 사람이 할 수 있는 일이 아니다. 많은 예술가가 젊은 나이에 꽃을 피우고 요절의 길을 걸은 데 반해, 그 풍부하고 윤택한 성숙 과정은 빛을 발한다.

둘째, 괴테는 비범한 직관력의 소유자이기도 했다. 스케일의 크기도 그렇고, 종합적으로 파악하는 예리함도 그렇고 생명의 거울이라고도 할 만한 철저히 갈고 닦은 안목이 있었다. 예술적 분야는 말할 것도 없고 특히 주목하고 싶은 부분은 자연관이다. 괴테가 《색채론》 등에서 뉴턴으로 대표되는 근대과학의 동향에 집요한 경고를 보낸 것은 잘 알려져 있다. 주객 대립을 골격으로 하는 근대과학의 방법론이 무엇보다 자연에서 '생명'을 빼앗아버릴 위험성을, 불법(佛法)에서 설하는 '의정불이론(依正不二論)'에도 통하는 안목으로 계속 비판했다.

그러나 괴테에게는 시인의 직관은 있어도 입증이 없었다. 근대과학은 괴테의 비판 따위에 아랑곳하지 않고 계속 독주했다. 그 결과가 어땠는지는 물을 필요도 없다. 근대과학문명의 쇠퇴가 마침내 명백해지고 있는 지금, 20세기 양자역학계의 권위자 하이젠베르크가 괴테의 자연관을 재평가하고 있는 사실을 보면, 나는 다시금 대시인의 날카로운 직관력을 생각하게 된다.

셋째, 괴테의 인격상(人格像)에 생생히 나타나는 것은 퍼내고 퍼내도 끝이 없는 탄력적인 창조력이다. 괴테의 다채로운 인생 편력도, 고령에도 사랑에 몸을 불사르며 계속 글을 써내려간 모습도 창조를 향해 넘쳐흐르는 내적 생명력의 발로였다.

괴테는 그 창조력을 '데모니슈(초자연적인 힘)한 것'이라든가 '엔텔레키(불멸의 생명)'라고 불렀는데, 여기에 문호의 깊은 종교성이 숨겨져 있었다는 사실을 놓쳐서는 안 된다.

괴테는 애제자 에커만에게 이렇게 말했다. "이것은 데몬의 피를 이어받아 몹시 강대해 인간을 마음대로 휘두른다. 그리고 설령 인간은 자발적으로 행동한다고 믿어도, 자기도 모르는 사이에 데몬에 몸을 바친다. 이런 경우에 인간은 때때로 한 단계 더 높은 세계통치체제의 도구, 다시 말해 신성한 영향을 받아들이는 데 부끄럽지 않은 그릇으로도 여겨진다."[23]

여기서 말한 인간관은 기독교와 명확히 선을 긋고, 인간을 신에 비견할 만한 높은 위치에 두려 한다. 다름 아닌 인간이야말로 엔텔레키의 체현자이기 때문이다. 괴테의 파란만장한 생애는 그 축도라고도 할 수 있다.

젊은 괴테가 몸담은 슈투름 운트 드랑은 문학에 그치지 않고, 널리 구시대의 가치관을 부정하려는 팽배한 에너지의 분출이었다. 이 운동은 그 후 여러 우여곡절을 거쳐 고전주의와 낭만주의로 넘어가지만, 그것은 한바탕 부는 바람도 아니고 바위에 부서지는 파도도 아니었다. 생명을 깊은 곳에서 뒤흔드는 내적인 '질풍노도'였다고 생각한다.

중세의 질서를 나타내는《신곡》과 근대의 거친 개막을 알리는《파우스트》, 이 양극단에 위치한 두 봉우리를 새로운 연봉(連峰)으로 연결하는 세기는 반드시 도래하리라 나는 믿는다. 그것은 이제 유럽사의 연장이라기보다 인류사에 희망의 여명을 알리는 효종(曉鐘)이 돼야 할 것이다.

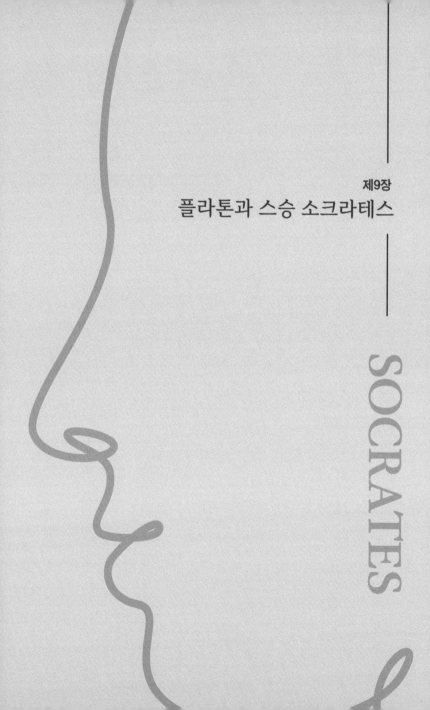

제9장
플라톤과 스승 소크라테스

SOCRATES

소크라테스(BC 470~399 추정) 고대 그리스 아테네 철학자. 인간 내면을 통찰한 그의 학설은 제자 플라톤에게 계승. 소크라테스의 일화나 행적은 대부분 플라톤의 초기 《대화편》에 근거함.
플라톤(BC 428~348 추정) 고대 그리스 아테네 철학자. 소크라테스의 제자이자 아리스토텔레스에게 서양 철학에 지대한 영향을 미친 스승. 아카데메이아의 창설자.

1977년 9월, 월간 〈우시오〉에 게재된 내용입니다.

"플라톤은 펜을 쥔 채 쓰러졌다." 로마의 철인 키케로는 이렇게 외쳤다. 스승 소크라테스의 사항을 글로 남기고 행동으로 옮긴 플라톤의 처절한 생애의 마지막 장을 상징하는 말이다. 펜을 쥐고 쓰러지다니, 그야말로 대철학자에게 걸맞은 최후다.

청춘행로 속에서 희유의 인물을 만나 여든에 숨을 거둘 때까지 스승과의 교류로 얻은 가슴속 등불을 내걸고, 쓰고 말하며 세차게 달린 격랑의 생애를 나는 선명하게 떠올릴 수 있다.

"애당초 '그것'(가장 중요한 사항, 필자 주)은 다른 학문처럼 말로 옮길 수 없고, 오히려 (가르치는 자와 배우는 자가) 함께 생활하면서 그 문제사항을 직접 다루어 수없이 거듭 대화하는 가운데 그 속에서 갑자기, 말하자면 불꽃으로 점화된 등불처럼 (배우는 자의) 혼 안에 생겨나, 그 뒤에는 그 자신이 그 자체를 길러내는 그런 성질입니다."[24]

소크라테스에게는 가슴속에 붉게 타오르는 등불이 있었다. 바로 '너 자신을 알라'라는 전 인류를 향한 외침이다. 이를 사람들과 뜨겁게 이야기했다. 그 등불이 플라톤에게 옮겨붙었다. 도중에 꺼지려 하던 횃불을 플라톤이 이어받은 것이다.

플라톤은 많은 글을 남겼다. 그러나 플라톤의 가슴속에 불타는 것은 어떤 표현으로도 묘사할 수 없었다. 그렇기에 사람들 한복판에서 말로 전했다. 플라톤이 대화를 중시한 이유는 바로 대화에 생명의 진실한 의사소통이 있다는 신념에서였다.

그 옛날, 똑같이 대화로 넓혀진 불교경전이 문답형식으로 정리돼 있음을 상기한다. 살아 있는 사상은 바로 대화 속에서 가장 강력히 계승되는 것이 아닐까.

소크라테스와 플라톤의 만남은 충격적이었다. 청년 시절, 비극 창작에 자신 있던 플라톤이 그 경연대회에 참가하고자 디오니소스 극장으로 향하는 도중에 일어난 일이었다. 그때 소크라테스를 만나 가르침을 듣는 사이에 근저에서 회심(回心)이 일어나 자신의 작품을 불속에 던졌다고 한다. 그것이 소크라테스의 제자로서 플라톤의 일생을 결정짓는 계기가 됐다고 전해진다.

그때는 플라톤이 스무 살 무렵이었을 것으로 추정된다. 플라톤은 소크라테스의 이름을 어릴 적부터 알고 있었을지도 모른다. 그러나 사제(師弟)의 결정적인 만남은 이때 시작됐다.

나는 여기서 '사제'라는 것의 불가사의함과 아름다움을 생각해본다. 서로 알고 있다거나 접촉이 있다는 물리적인 관계로 '사제'는 성립하지 않는다. 두 사람의 생명과 생명, 정신과 정신이 전격적으로 서로를 부르고 융합해 거대한 우주와 인간의 진리를 그 만남의 순간에 공유하는 듯한 희유의 사건이야말로 '사제'를 성립할 수 있게 한다.

소크라테스가 죽은 뒤 플라톤은 때가 왔다고 느끼고 저술을 시작한 것으로 짐작된다. 그것은 무엇보다 눈앞에 생생한 스승 소크라테스의 죽음을 변론하기 위해서였다. 그러나 단순한 변명은 아니었다. 소크라테스는 자신의 사상을 완결하기 위해 도망치려고 마음먹으면 얼마든지 도망칠 수 있었음에도 굳이 죽음을 택했다. 《소크라테스의 변명》은 공판 자리에서 소크라테스가 재판관 500명과 청중을 앞에 두고 한 연설을, 플라톤이 기억을 더듬어 집필했다고 한다. 여기에는 혼을 무엇보다 소중히 여기며 이를 위해 지(知)를 사랑하고 자신과 타인을 생각하면서 살아갈 것을 호소한 소크라테스의 인생이 응축돼 있다.

먼저 플라톤이 마음에 품은 것은 스승 소크라테스의 사상과 철학 정신을 미래에 남기는 일이었을 것이다.

그 중에서도 《대화편》에서 전개되는 사물에 대한 다양한 사고방식은 그저 놀라울 따름이다. 먼저 한 가지 생각이 제시된다. 그것은 뛰어난 논리로 일관돼 있어, 읽다 보면 더는 아무것도 덧붙일 것이 없고 반론의 여지 따위는 조금도 없다는 생각이 든다.

그런데 같은 주제로 다른 등장인물이 이야기하기 시작하면, 이 또

한 완벽한 논리라서 이보다 더 올바른 논의는 있을 수 없겠다고 생각하게 된다. 그러나 그 결론은 앞의 인물이 주장한 것과는 전혀 다른 내용이다.

플라톤의 《대화편》을 읽으면, 인간의 사고라는 것이 이토록 다양하게 존재할 수 있다는 사실에 놀라움을 금할 수 없다. 말하자면 인간의 사고가 펼쳐지는 파노라마를 보는 느낌이 든다. 그것은 바로 플라톤이 스승에게 이어받은 사상의 유연성과 자유로운 자세가 가져온 결과일 것이다.

소크라테스는 오로지 사람들과 대화하며 사람들을 계발했다. 자신의 사상을 문자로 남기지 않았다. 제자 플라톤은 이를 당시의 모든 사상과 비교하면서 대화를 바탕으로 훌륭하게 문자로 재현해 인류의 유산으로 삼았다. 소크라테스가 있었기에 플라톤이 있었다면, 플라톤이 있었기에 소크라테스도 있었다. 플라톤이 없었다면 후세 사람들은 분명 소크라테스의 이름은 물론 그 사상도 알 수 없었을 것이다.

스승과 제자의 관계는 내가 신봉하는 불법(佛法)에서도 극히 중시한다. 스승이 바늘이라면 제자는 실이다. 바늘이 아무리 앞으로 나아가도 실이 뒤에 연결돼 있지 않으면 아무것도 남지 않고 완성되지 않는다.

스승은 독창적인 사상으로 고난을 뚫고 나아간다. 제자는 스승이 개척한 발자취를 잘 간직하고 발전시켜 후세에 남긴다. 플라톤은 그 야말로 소크라테스에게 실과 같은 작용을 했다.

이 실은 30여 편에 이르는 《대화편》으로서 로마 시대를 넘어 중세 유럽 기독교 신학의 위대한 기둥이 됐다. 그리고 근세 철학이 발전하는 원천이 돼 20세기 후반인 지금도 세계의 철학 청년이 한 번은 거쳐야 할 관문이 됐다.

그러면 소크라테스의 독창성은 무엇인가.

말할 필요도 없이 '너 자신을 알라'라는 격언으로 상징되는 것처럼, 고대 그리스의 유례없는 혼란기에 자기지(自己知)를 기반으로 인간의 진실한 자세와 삶의 방식을 재검토한 데 있다. 말하자면 만인 공통의 출발점이다.

소크라테스는 이 점을 빼놓으면 아무리 인생을 논하고 고상한 세계관을 설한다 해도 뿌리 없는 잡초와 같다고 생각했다. "만약 자신이 지자(智者)라는 이름에 걸맞다면 자신의 무지(無知)를 자각하는, 요컨대 '무지의 지(知)'를 깨달았기 때문이다." 이렇게 소크라테스는 당시 아테네를 제 것인 양 휘젓고 다니던 소피스트들의 도그마와 편견을 차례로 깨부쉈다.

무지를 자각하고 있기에 지를 사랑하고 추구한다. 세간의 학자는 그 자각이 없기 때문에 제멋대로 억측하면서도 진실로 지를 추구하는 마음이 없다. 어리석은 일이다. 지(소피, Sophy)를 사랑(필로, Philo)한다, 여기서 필로소피(Philosophy, 철학)라는 이름이 생겨난 것은 잘 알려진 사실이다.

이른바 자기지(自己知)는 단순히 철학의 근원일 뿐 아니라 인간이 인간답게 살아가기 위한 근본이다. 아니, 본래 철학은 어떤 특별한 영역을 형성하는 학문의 한 분야가 아니라 인간이 잘 살아가기 위해 누구나 가져야 하는 것이다. 소크라테스는 이것을 문자 그대로 죽음을 통해 후세에 보여줬다.

그 삶이 제시한 '질문'의 예리함과 깊이, 그리고 보편성이야말로 소크라테스 철학의 진수(眞髓)이며, 소크라테스가 '인류의 교사'라는 이름으로 오래도록 칭송받는 이유도 여기에 있다.

넘치도록 정열적인 플라톤 생애의 발자취를 훑어볼 때, 나는 스승 소크라테스가 남긴 '질문'을 플라톤이 어떻게 계승해 '답'을 줄지에 대해 여러모로 고민했을 대범함이 느껴졌다.

물론 플라톤도 처음에는 스승이 남긴 사상의 충실한 조술자(祖述者)로서 출발했을 것이다. 그러나 소크라테스의 질문은 이 뛰어난 제자를 단순한 조술자로 끝내지 않는 창조의 촉발력을 품고 있었다고 해도 좋을 것이다. 중기부터 특히 후기에 플라톤의 사상을 선명하게 장식하는 이데아론의 전개는 스승의 '질문'에 자기 나름의 '답'을 모색하는, 전 혼을 기울인 시도였다고 할 수 있다.

확실히 이데아론은 그 후 많은 발전을 이루는 관념론의 원형으로 간주돼 때로는 비판과 공격의 표적이 되기도 했다. 그러나 나는 플라톤의 사상에 관념론 등의 철학적 범주를 설정하기 전에 이 시도가 갖는 무게에 눈을 돌려야 한다고 생각한다.

플라톤의 이데아론은 체계화된 논리라기보다 인간과 사회가 더 잘 살고, 더 잘 운영되기 위한 근본 조건이었다. 말하자면 모든 인간의 영위가 남긴 생명의 물보라라고 해도 좋다. 앞서 지적한, 대화를 통한 구성은 무엇보다 큰 증거다.

게다가 플라톤은 스승이 남긴 사상의 계승과 전개를 단순히 문자를 빌려 저작으로만 남기려 하지 않았다. 마흔 살이 넘었을 무렵 청년 자제의 교육을 위해 아테네 근교에 있던 아카데메이아의 정원에 학원을 연다.

이 아카데메이아 학원은 서기 529년, 동로마 제국의 황제 유스티니아누스의 금령으로 폐쇄될 때까지 실로 900년 동안 존속했다. 그리고 정치가를 비롯해 수학자, 인문학자, 생물학자를 많이 배출했다.

유럽에서 아카데미라는 이름이 학문 연구의 권위 있는 정통이란 뜻으로 사용되고, 그런 권위 있는 조직의 명칭으로 쓰이는 이유는 플라톤이 세운 아카데메이아 학원의 영광에서 유래한다고 할 수 있다.

교육에 그치지 않는다. 정치를 향한 청년 플라톤의 열정은 노년에 이르기까지 식을 줄을 몰랐다. 플라톤은 자신이 꿈꾸던 '철인왕(哲人王)' 이라는 이상을 실현하겠다는 목표로, 자신을 스승으로 경애하던 디온의 초청에 응해 예순이라는 고령의 몸을 이끌고 시라쿠사이로 건너갔다. 아쉽게도 의도는 결실을 거두지 못하고, 플라톤은 그 후 10여 년 동안에 걸쳐 정치적 사건에 연루됐다. 《법률》, 《티마이오스》 등 후반생을 장식하는 수많은 저작은 이성의 고요함이 아닌, 생명에 휘몰아치는 격동의 소산이었다.

교육이든 정치든 모두 인간의 교류가 만들어내는 일이다. 플라톤은 어떤 의미에서든 독거하는 사색가가 아니었다. 사색에서 행동으로, 행동에서 사색으로 나아갔다. 여든 해의 생애를 마감할 때까지 끊임없이 이어진 이 왕복운동이야말로 플라톤 철학의 진수였다.

그리고 그 장대한 발자취를 "철학은 죽음의 연습이다"라는 한마디로 갈파한 플라톤의 마음을 생각할 때, 젊은 시절에 만난 스승 소크라테스의 '삶과 죽음'이 늘 플라톤의 뇌리에서 떠나지 않았을 것이다. 영국의 철학자 화이트헤드가 "유럽 철학의 전통은 플라톤에 대한 일련의 각주로 구성돼 있다"고 말한 것도 플라톤의 전인격(全人格)이 지닌 무게 때문일 것이다.

나는 서양철학의 원천을 만든 영예는 소크라테스 한 사람이 누리는 것도 아니고, 플라톤 한 사람이 누리는 것도 아니라고 생각한다. 소크라테스와 플라톤, 이 두 인격이 하나가 된 데에, 사제라는 하나의 존재 속에 그 영예를 돌려야 한다고 생각한다.

그리고 그것이야말로 모든 역사의 변천 속에서 불사조처럼 되살아나 암운 속에서 인간 영지(英智)의 드넓은 하늘을 연 힘의 원천이기도 했을 것이다.

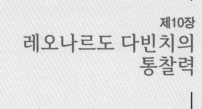

레오나르도 다빈치(1452~1519) 이탈리아 화가. 사람의 몸을 과학적으로 분석해 인체 소묘와 회화로 표현. 화학·천문학·건축학 등 여러 방면을 연구.

1977년 10월, 월간 〈우시오〉에 게재된 내용입니다.

나는 레오나르도 다빈치의 눈에 끌린다. 그는 전 생애에 걸쳐 인간과 자연과 우주를 응시하며 진실을 꿰뚫어보려 했다. 레오나르도가 그린 말년의 자화상은 지혜의 크기와 사색의 깊이, 그리고 의지의 강인함을 전한다. 예리하게 멀리 바라보는 눈빛, 이를 감싸는 수려한 이마에 깊게 패인 주름, 굳게 다문 입, 풍성한 흰 수염을 가진 철인(哲人)의 용모다.

젊은 라파엘로가 로마 교황궁에 유명한 '아테네 학당'이라는 벽화를 그렸을 때, 벽화 중앙에서 위풍당당하게 제자 아리스토텔레스와 이야기를 나누는 플라톤이 레오나르도를 모델로 삼은 것이라 전해지듯이 그는 화가인 동시에 철학자로 예우받았다.

레오나르도는 기술적인 회화를 예술로 승화시킨 사람이라고 할 수 있다. '기술'을 '예술'로까지 승화시킨 것은 그의 날카로운 '눈'이었다. 그가 철학자인 까닭도 여기에 있다.

레오나르도는 이렇게 말했다.

"영혼의 창문이라 불리는 눈은 공통 감각이 자연의 무한한 작품들을 가장 풍부하고 장대하게 고찰할 수 있게 해주는 가장 중요한 도구다."[25]

레오나르도는 자신의 눈으로 보고, 자신의 감각으로 확인하는 것에서 출발하려고 했다. 따라서 말뿐인 관념의 세계에 빠진 학자에게는 강한 혐오감을 감추지 않았다.

레오나르도는 스스로를 '경험의 제자'라고 불렀다. 자신의 노고가 아닌 남의 노고를 갈취해 거만해지고 남의 말을 외워 이야기하는 사람들에게는 '타인의 작품을 빌린 나팔수이자 암송가'라고 통렬히 비판했다.

르네상스는 '세계와 인간을 발견한 시대'라고 한다. 그리스·로마 고전문화의 학습과 연구를 통해 문화의 재생과 부흥이 이뤄지고, 인간의 재발견이 이뤄진 시대다. 중세의 암흑시대로부터 인간을 해방시켰다는 점에서 의의가 크지만, 동시에 그리스·로마의 고전문화를 하나의 규범으로 삼아 그 틀 위에서 자기 형성과 인간 탐구를 시도하려고 한 시대이기도 했다. 따라서 이 시대에는 귀족적이고 보수적인 현실을 긍정하는 인간상이 생겨나 우아한 궁정인이나 교양인이 이상적인 인간상으로도 여겨졌다.

당시 학자들은 도서관이나 아카데미에 틀어박혀 고전문헌에 의존했지만, '무학(無學)의 사람'을 자처한 레오나르도는 철저히 '경험의 제자'로서 살았다. 레오나르도는 교양인이 되기보다는 자연의 사실을 탐구하고 자신의 눈으로 사상(事象)의 심층을 응시하는 창조적 인간의 길을 걸어가길 원했다.

'지혜는 경험의 딸'이라는 신념에 선 레오나르도는 "연구자들이여, 그저 상상만으로 자연과 인간 사이의 통역자가 되려고 한 저술가들을 믿지 마라. 자연의 눈짓이 아닌 그 경험의 결과들을 통해 자신의 재능을 갈고닦은 사람들을 믿어라"라며 '책에 갇힌 학자'를 비판했다.

여기에 레오나르도 다빈치의 진면목이 있다. 그는 화가였으나, 단순한 화가가 아니었다. '최후의 만찬'이든 '모나리자'든 확실히 인류의 재산으로 자랑할 만한 훌륭한 작품을 남겼지만, 단지 작품만으로 평가한다면 원근법을 활용해 선구적인 업적을 이룬 점을 제외하고는 역사에 이름을 남긴 수많은 화가와 그렇게 큰 차이가 없을지도 모른다.

오히려 레오나르도가 그린 작품이 너무 적다는 점과 대부분 미완성인 채로 남겨졌다는 점을 감안한다면('모나리자'조차도 미완성이다) 과연 그가 화가였는지 의구심마저 들지 모른다.

화가로서 그의 활동은 자연과 인간 탐구에 힘쓴 생애의 일부분에 지나지 않는다. 자연과 대치하며 경험을 통해 자신의 머리로 생각해 자연에 일관되는 법칙을 파악하려 했다. 그러한 작업의 일각에 회화가 있었다.

그런 의미에서 레오나르도는 17세기 데카르트와도 통하지 않을까. 데카르트 또한 스콜라철학을 비판하면서 책에 의존하는 학문을 버리고 세간이라는 책에서 배우기 위해 여러 나라를 여행하며 자신의 머리로 진리에 이르는 길을 찾았다. 데카르트가 원소를 논하고, 천문을 논하고, 빛을 논했듯이 레오나르도도 광학, 천문학, 역학, 기상학, 생리학, 해부학 나아가 토목 기술, 도시 계획을 논했다. 레오나르도는 과학자이기도 했다.

그러나 과학에서도 그는 단순한 과학자가 아니었다고 해야 할 것이다. 레오나르도의 과학은 어디까지나 인간과 자연을 일관하는 법칙을 추구하려는 행로의 수단이 되는 과학이었다.

경험을 스승으로 삼아 모든 분야에 통달한 레오나르도의 합리적 사고는 그가 살아간 시대를 생각해보면 놀라울 따름이다. 참고로 로마 교황조차 늘 점성가를 곁에 두던 시대다. 사람들의 머리는 권위와 인습에 지배됐지만, 레오나르도의 명석한 사고는 그 비합리성을 간파하고 마술과 점성술을 날카롭게 비판했다.

예를 들면 레오나르도는 당시 사람들에게 절대적인 권위를 가진 《성경》에 기록된 노아의 대홍수도 물의 성질로 보아 있을 수 없는 일이라고 단호히 부정했다. 당시 산 속에서 발견되던 해산동물 화석은 노아의 홍수를 증명하는 것이라는 설이 유력했지만 물이 상승한 것이 아니라 지반이 솟아오른 것, 요컨대 지각변동의 증거로 포착하는 과학적 사고가 그에게는 있었다.

이런 합리적 사고를 지닌 레오나르도가 기독교의 신을 믿었을까. 레오나르도의 수기를 통해 느껴지는 것은 무관심이었다.

레오나르도가 신을 말하는 경우, 이는 그의 예리한 안목으로 통찰한 우주와 자연의 법칙이다. 레오나르도는 수기에 "자연에는 법칙 없는 결과는 무엇 하나 존재하지 않는다", "자연은 경험 속에 아직 존재한 적이 없는 무한한 법칙으로 가득 차 있다", "자연은 자기 안에 혼연히 살아 있는 자기 법칙의 도리로 강제된다" 등이라고 썼다.

레오나르도의 신은 여기에 있었다. 그는 대자연을 관찰하고 다음과 같이 말했다.

"감각적인 생명도 식물적인 생명도 또는 이성적인 생명도 존재하지 않는 곳에는 그 어떤 일도 발생하지 않는다. (중략) 대지는 식물적인 생기를 가지고 있다고 해도 좋을 것이다. 또 살은 흙이고, 뼈는 산맥을 구성하는 연속된 암석층이고, 연골(근육)은 응회암이고, 혈관은 수맥이고, 심장 주위에 뻗어 있는 피의 연못은 대양(大洋)이고, 호흡과 맥박에 따른 혈맥의 증감은 대지에서 바다의 밀물과 썰물이다.

그리고 세계에 있는 생기의 열은 땅속에 퍼지는 불이고, 식물적인 생기의 주거(住居)도 대지의 사방팔방 지점에서 온천, 유황석, 화산(예를 들면 시칠리아 몬지벨로와 그 밖의 수많은 장소)이 돼 분출하는 저 불 속에 있다."

레오나르도에게는 지구도 하나의 생명이었다. 아니, 우주조차도 거대한 생명으로 비쳤을 것이다. 레오나르도는 현상 깊은 곳에서 실재(實在)를 추구하는 것이 아니라, 깊은 곳에 있는 것을 현상에 입각해 파악하려 했다. 이 점에 예리한 안목을 느낀다.

레오나르도의 독자적인 '안목'은 회화에서도 볼 수 있다.

"자연이나 풍경이 자각적으로 회화의 주제로 다루어진 때는 근세에 들어서이며, 회화론을 들고 나온 사람은 아마 레오나르도가 처음일 것이다. 고대 이후 서양의 회화는 인간만을 주제로 삼았다."[26]

레오나르도는 자신이 그 일부에 속해 있는 대자연의 변전(變轉)을 관통하는 법칙을 파악하려 한 것이 아닐까. 레오나르도가 풍경을 그리고 화초를 스케치한 것은 그 속에 무한히 펼쳐지는 시간과 공간에 숨겨진 법칙을 표현하고자 한 것이라고 나는 생각한다.

현실에 입각해 그 속에서 우주의 비밀을 통찰하려 한 레오나르도는 인간도 사실적인 눈으로 접근했다. 그러나 철저히 사실적이면서도 그가 그리는 인물은 따뜻하고 아름답다. 레오나르도의 '눈'은 냉혹한 기계와 같은 것이 아닌, 뜨거운 피를 가진 정확한 식견을 갖추고 있었다. 그는 인간의 신성을 나타내기 위해 다른 화가들이 자주 사용하던 비현실적인 후광 같은 것은 필요하다고 생각하지 않은 듯하다. 인간에게 신성적인 것이 있다면, 그것은 인간 그 자체 속에 있다는 직관을 갖고 있던 것이 틀림없다.

자연의 변화를 보면서도 그 속에서 초월적인 존재를 떠올리려 하지 않았다. 레오나르도는 오로지 현실을 응시하며 모든 것이 생성사멸(生成死滅)한다는 만물유전(萬物流轉)의 법리를 생각하기에 이르렀다. 레오나르도의 사고는 이미 서양을 초월해 있었을지도 모른다.

"레오나르도는 외면적으로나 내면적으로 동양을 충분히 알고 있었다. 그것은 레오나르도 안에 있는 어떤 초유럽적인 것으로, 좋든 나쁘든 모든 것을 광범위하게 응시한 인간을 특징 짓는다"[27]라고 평한 니체는 레오나르도의 내실을 예리하게 꿰뚫어보고 있었을 것이다.

레오나르도는 '만능 천재'로 칭송받는다. 위대한 화가는 당연하고, 앞서 말했듯이 조각가이면서 건축가이자 토목기술자였다. 또 발명가, 자연과학자의 측면도 있었다. 그러나 레오나르도의 위대함은 만능이었다는 점에 있지 않다. 만반에 걸쳐 재능이 꽃핀 이유가 중요하다. 그래야 그의 위대함이 분명해진다.

레오나르도는 모든 분야에 걸쳐 자연과 인간을 일관하는 법리를 찾으려 했다. 그에게 그림을 그리는 일은 결코 목적이 아니었다. 마찬가지로 토목과 도시 계획 기술도, 광학도, 생리학도 모두 우주의 법리를 찾기 위한 방법으로서 진지하게 임한 것이다.

레오나르도가 작업하다 남긴 많은 미완성은 이와 깊이 관련돼 있다. 그에게는 큰 목적 앞에서 작은 목적인 완성, 미완성은 이미 문제가 아니었다. 레오나르도는 만능이 되려고 한 것이 아니라, 근원의 법리를 찾기 위해 만반에 걸쳐 재능을 펼칠 수밖에 없었을 뿐이다.

레오나르도의 '눈'은, 그리고 넘쳐흐르는 재능은 그를 모든 방향으로 달려가게 했다. 레오나르도에게는 할 일이 너무 많았다. 필연적으로 어느 것이나 다 미완으로 둘 수밖에 없었다. 레오나르도는 분명, 한 인간이 역사에 새길 수 있는 일이 얼마나 적은지를 절실히 통감했을 것이다. 그는 어디까지나 초연했다.

레오나르도가 살아간 1400년대에서 1500년대에 걸친 시대는 문화적으로는 르네상스의 꽃이 찬란하게 핀 시기였으나 정치적으로는 유례없는 혼란기였다. 마키아벨리가 활약한 이 시기는 권모술수가 소용돌이치는 전란의 시대였다. 레오나르도는 몸소 시대의 거센 파도에 시달리면서도 이런 정치의 세계에 대해서는 거의 언급하지 않았다. 같은 시기를 살아간 미켈란젤로가 생활의 불안과 동요 속에서 고뇌하고 격정을 품고 절망하며 살아간 반면, 레오나르도는 고요한 호수처럼 그 수면에 모든 것을 비추면서 인간과 자연의 발견을 위해 각고의 걸음을 착실히 이어나갔다.

레오나르도가 다룬 분야는 인류에게 보편적인 분야다. 레오나르도의 '눈'은 세계를 향하고, 미래를 향하고 있었다. 그런 그에게 한 나라의 이해(利害)에 매달리고 변화무쌍하게 투쟁하는 정계는 자신을 몰입시킬 만한 가치가 없는 세계로 비치지 않았을까.

레오나르도는 오히려 성쇠를 되풀이하는 세상의 다양한 모습을 보면서 그 속에서 생성사멸의 이치를 발견했을지도 모른다.

그는 오로지 자신의 숙명에 따라 살았다. 레오나르도는 이렇게 말했다. "별이 정해준 자는 망설이지 않는다."[28] 레오나르도는 세상에 진력하기를 원하며 지칠 줄 모르는 노력을 지속했다. 그러나 그가 한 일은 모두 미완성으로 끝난 듯하다.

하지만 생애에 걸친 끊임없는 자기 탐구의 자세는 그가 남긴 말과 함께 지금도 내 마음을 울린다.

"레오나르도여, 가엾게도 왜 그대는 이토록 고심하는가."[29]

제11장
루쉰의 고뇌와 용기

LU XUN

루쉰(1881~1936) 중국 작가이자 사회운동가. '문학혁명' 이후 신문화운동이 한창이던 시절, 루쉰의 작품이 주목받음. 저서로 단편소설 《광인일기》, 소설 《아Q정전》 등을 남김.

1977년 11월, 월간 〈우시오〉에 게재된 내용입니다.

벌써 3년도 더 지난 일이다.

처음 중국을 방문했을 때, 나는 루쉰의 고택을 둘러볼 기회가 있었다. 초여름의 상하이는 깊은 땅거미 속에 잠기려 하고 있었다.

오랜 세월이 느껴지는 빛나는 목조 기념관이었다. 기념으로 남겨진 고택이 그렇듯, 깊은 연륜이 느껴지는 책상과 의자, 시계, 전등 등 생전에 사용한 물건들이 그대로 놓여 있었다.

루쉰의 고택은 그 자체로 루쉰과 마오쩌둥이 나눈 정신의 유대를 연상시킨다. 사후에 기념 같은 것은 하지 말라는 루쉰의 유지를 알면서도, 지금도 보존되고 있는 고택에는 루쉰을 존경하는 마오쩌둥의 의지가 살아 숨쉬는 듯하다.

철저히 항일운동을 호소하다 세상을 떠난 루쉰이지만, 중국 공산당에 입당하지는 않았다. 또 그를 이용하려고 손을 내민 국민 정부에도 응하지 않았으나, 반대로 그를 존경하지만 아부하지 않았던 마오쩌둥의 세력과는 깊은 유대가 있었다.

나는 민족을 생각하는 전사들의 대화가 말없이 오가는 듯한 느낌을 받으며 기념관을 나왔다.

일반적으로 루쉰은 두 가지 이미지로 회자되는 듯하다. 하나는 혁명의 전사, 펜의 용사이다. 이는 그의 엄청난 평론에도 나타나 있다.

또 하나는 정신의 내면을 고독하게 바라본 철학자의 얼굴이다. 그 모습은 대체로 단편이 많은, 함축적인 그의 소설 속에 숨겨져 있다. 어느 쪽이 옳다고 하거나, 어느 쪽에 치우치는 것도 잘못일 것이다. 모순이 없는 인간은 없다. 단 한 가지 색으로 물들 만큼 인간은 단순하지 않다. 오히려 루쉰이 그 양면성을 가지고 자신의 인생을 살았다는 점에서 그 번민과 승화를 느낀다.

루쉰의 생애는 색깔로 치면 암울한 회색으로 감싸여 있다. 1881년 태어나 어린 시절에 몰락하는 중산층의 비애를 뼈저리게 체험한다. 절망적인 중병에 괴로워하는 아버지를 위해 전당포와 약국을 오가는 나날이었다. 지극히 가난한 가정 형편으로 관리(官吏) 시험을 치를 수도 없었다. 손바닥을 뒤집듯 바뀌는 세상의 눈 ― 루쉰은 훗날 유학한 일본에서도 이것을 의식하게 된다.

유학 도중에 러일전쟁이 일어난다. 어느 날, 환등기에서 러시아군 스파이 혐의로 재판을 받는 중국인이 일본군에게 손이 잘리는 장면을 보게 된다. 화면에서는 많은 중국인이 무표정한 얼굴로 그 광경을 바라보고 있었다. 그리고 그 장면을 보며 갈채를 보내는 일본인 학생들. 그때 루쉰은 장래 나아가고자 했던 의학의 길을 스스로 단념하고, 어리석고 나약한 중국 국민의 정신 개조에 뜻을 두고 문예의 길로 들어섰다.

그 길에서도 그의 뜻은 보답받지 못하는 경우가 많았다. 신해혁명
이 일어나자 루쉰 나름대로 앞장서서 진력했지만, 거기에 난무하는
타협과 기만은 루쉰을 끝없는 절망으로 몰아넣었다. 국민의 정신을
개조할 수 있을 만한 진정한 혁명은 일어나지 않았다. 게다가 그렇게
통탄하는 자기 안에도 아니, 인간 그 안에 떨쳐내려 해도 그럴 수 없
는 어리석음과 나약함이 숨어 있다는 사실을 스스로 깨달을 수밖에
없었다.

그의 첫 소설로 알려진 《광인일기》는 그런 의미에서 시사적인 작
품이다. 문체도 획기적일 뿐 아니라, 인간을 바라보는 관점도 청년층
을 괄목하게 했다.

자신의 주변 사람들을 비롯해 가족마저도 자신을 잡아먹으려 한다
는 망상에 빠진 광인이 주인공이다. 이상한 강박관념에 사로잡혀 있
지만 과연 주인공의 망상이 단순한 망상일 뿐인가 하는 의문이 표면
에 드러난다. 오래된 '가족제도와 예교(禮教)'가 그곳에서는 통렬하
게 부서지지만, 동시에 인간이 인간을 잡아먹는, 인간에 내재한 마성
(魔性)이 광인의 눈을 통해 고발된다.

'식인(食人)'은 단순히 전쟁이나 살인만을 의미하지는 않는다. 악

행을 즐기고, 때로는 선(善)을 바라면서도 악(惡)을 행하고, 결국에는 이기주의의 자승자박(自繩自縛)을 끊지 못하는, 인간이라면 누구에게나 있는 악의 심연이다.

루쉰의 투철한 안목은 중국의 역사, 유구한 4천 년 대지에 스며든 인간의 업(業)을 놓치지 않는다. 그렇다기보다는 눈을 돌릴 수 없었을 것이다. 무엇보다도 자신이 살고 있는 곳이기도 하기 때문이다. 그는 아틀라스처럼 대지에 버티고 서서 묵직한 4천 년의 무게를 떠받치고 있다. 무거운 짐을 내던지려고도 하지 않고, 버티는 것을 그만두려고도 하지 않는다. 그저 묵묵히 참으며 고통으로 가득한 모색을 계속한다.

그것은 인간으로서 할 수 있는 거의 극한의 행동이었다고 내 가슴에 울려 퍼진다. 그가 광인의 모습을 빌려 외치는 너무나도 유명한 결론인 "사람을 먹어본 적이 없는 아이가 아직 있을까. 아이를 구하라…"[30] ─ 나는 여기에서 루쉰의 눈이 아이라는 순진무구한 마음을 향하면서, 마지막 한계에 이르러서도 여전히 인간의 선함을 믿고자 하는 마음가짐을 보았다.

루쉰의 인간성에 대한 통찰은 그 정도로 깊었다. 그 깊이 때문에 해묵은 사회의 병소를 도려내는 문제는 다른 사람을 뛰어넘어 예리하게 훗날 민중의 대지를 떠난 프롤레타리아 문학의 관념성마저도 냉철하게 공격한다.

이러한 루쉰의 인간에 대한 통찰은 그의 대표작으로 꼽히는《아Q정전》에서도 차마 보지 못할 정도로 가혹하다. 경제력도 힘도 없고, 허영심 많은 오만한 농부 아Q는 자신보다 약하다고 생각한 상대에게 덤벼들었다가 순식간에 두들겨 맞고, "아들한테 맞은 격이다"[31]라고 자신을 위로하는 일밖에 할 수 없었다. 혁명당의 사상이 무엇인지도 모르면서, 자신을 박해한 일당에게 복수하려고 깃발 색깔이 좋아 보인다는 이유로 가담한다. 물론 거드름을 피울 뿐이다. 더구나 그 어정쩡한 자세와 어리석음으로 결국 혁명당의 손에 총살형을 당하게 된다. 허세를 부리면서도 '이미 사리판단을 못해'[32] 저항도 없이 죽임을 당하는 아Q. 아무 일도 없이 무관심 그 자체로 흘러가는 세상. ─ 여기에는 이 소설을 읽는 사람의 옷을 벗겨내고 노골적인 인간의 본성을 보여주는 가혹함이 있다. 나도 모르게 책을 덮어버리고 싶어지는 그런….

루쉰은 어리석기 짝이 없는 아Q를 중국 국민 안에서, 무엇보다 자기 내면을 응시하면서 몸부림치는 심정으로 파헤쳤을 것이다.

나쓰메 소세키가 쓴《도련님》이 '밝음(明)'이라고 한다면《아Q정전》은 '어둠(暗)'의 극치일 것이다. 중국 정세의 바닥 모를 불행 때문일까. 필자가 지닌 인간성의 차이일까.

소세키와 루쉰의 얼굴은 매우 닮았다고 한다. 두 사람 모두 수염을 기르고, 단정하고, 눈썹이 짙고 사물을 정면으로 직시하는 눈을 가지고 있다. 그 눈은 인간의 내면을, 자연의 배후를 살핀 눈일까.

그러나 거기에 감도는 색채는 다르다. 소세키에게는 부정 속에 긍정이 있고, 루쉰의 얼굴에는 긍정 속에 부정이 있을 것이다. 칙천거사(則天去私, 하늘의 뜻을 따르고 사심을 버림)에 이른 소세키, 아니면 그보다는, 거기에 만족하는 일본이 지닌 일종의 행복 공간이 소세키의 이면에 있었다. 루쉰에게는 그것이 허용되지 않았다. 인간에 대해 초월하기 힘든 비애를 느끼면서도 그는 계속 달려야 했다.

루쉰의 위대함은 여기에 있다고 생각한다. 거기에서 두 얼굴의 지양(止揚)을 볼 수 있기 때문이다. 철학의 얼굴과 전사의 얼굴이 융합하는 모습이다. 루쉰은 인간의 내면을 한없이 응시했다. 고독하게, 절망적으로 그리고 격렬하게 전전반측(輾轉反側, 이리저리 뒤척거리며 잠을 이루지 못함)하면서 계속 응시했다. 고뇌로 가득 차서 계속 돌아다니고, 두들기고, 쏘아댔다. 루쉰은 정신 개조의 출구를 찾았을까.

그것은 입으로 운운하기보다는 행동으로 보여야 할 답변이었다.

문학혁명이라는 계몽운동을 통해 루쉰은 중국 신문학의 중심 존재가 됐다. 그리고 모든 사회악과 붓으로 싸웠다. 그때 만들어낸 전법(戰法)이 '잡문'이다. 무수한 필명으로 여러 방법을 쓰며 논진(論陣)을 펼쳤다. 필명이 백 개가 넘는다고 한다. 논적(論敵)이 붙인 이름을 더하면 좀 더 많아질 것이다. 덧붙여 말하면 루쉰이라는 이름도 그중 하나다.

그의 논진은 '필주(筆誅, 타인의 잘못을 글로 써서 꾸짖음)'라는 묘사가 딱 들어맞을 만큼 통렬한 것이었다. 반동 세력의 기만, 호도(糊塗)를 차례차례 벗기는 격렬함은 '단칼에 피를 보았다'고 평가받을 정도다. 신출귀몰, 적을 교란하는 화려한 논진은 그야말로 펜의 전사였다.

루쉰만큼 많은 논적을 가진 사람도 드물다. 반혁명 세력과 정면으로 싸웠을 뿐 아니라 혁명 세력의 약점을 외면하지도 않았다. 프롤레타리아 문학이 사실을 왜곡하고, 과장하고, 진실을 가리는 것은 아직도 관념의 영역을 벗어나지 못하고 대중에게서 유리된 것이라고 비판했다. 또 예술지상주의에 대해서도 또한 맹렬히 공격했다. 민족주의 어용학자(御用學者)도 그의 면책을 받지 않을 수 없었다. 그야말로 닥치는 대로 쓰러뜨리는 모습이다. 어째서 그 정도로 격렬했던 것인가.

루쉰의 눈은 체제를 향하고 있었던 것이 아니다. 인간의 내면을 향하고 있었을 것이다. 그러므로 그는 정신의 승화를 왜곡하고 억압하며 기정된 사고 형태를 강요하는 어떠한 오만도, 진실을 가리고 인종(忍從)을 강제하는 어떠한 폐단도 용납할 수 없었다. 단순히 체제만 바꾸면 되는 문제가 아니다. 그에게는 모든 악이 공격 대상이었을 것이다.

정신에 대한 루쉰의 깊은 통찰력이 모든 '악'을 폭로했다. 스스로가 나약하고 어리석다는 것을 알고, 그 고뇌를 뚫고 나아가는 강함이 루쉰에게는 넘쳤다. 그에게 무난한 논평은 위선에 불과했다.

이렇게 생각하자 그의 격렬함과 깊이에 하나의 유대감이 보이는 듯 했다. 인간의 본성을 엿볼 수 있는 강인함은 진실의 힘이다. 그것은 마치 죽음을 두려워하지 않는 병사가 돌격한다기보다 죽음의 공포를 아는 병사가 돌진하는 용기를 상기시킨다.

무작정 맹진하는 힘은 약하고 헛되다. 금세 좌절하고, 희생을 낳고 인간성을 유린하고 만다. 그러나 고뇌 끝에 얻은 확실한 통찰은 강인하고 영속하는 힘을 갖는다. 루쉰은 절망에 빠져 집필을 그만두거나 인간을 외면한 채 저돌적으로 덤비는 것이 아닌, 깊은 확신에서 우러나는 빛을 온 국민에게 계속해서 내뿜었다.

사람들은 그런 루쉰에게 지도자가 되기를 바란다. 그러나 루쉰은 지도자가 되기를 거부한다. '그릇'이 아니라는 것이 그의 이유였다. 그러나 그릇이 아니라는 것을 아는 사람은 얼마나 적은가. 또 사실이 아닌데도 지도자라고 착각하고 휘두르는 사람은 얼마나 많은가.

루쉰에게는 '그릇이다'란 오만함이 용납되지 않았다. 세상 사람에게도, 자신에게도⋯. 무엇보다도 인간의 어리석음과 불완전함을 너무나 잘 알고 있었다. 그는 사람을 '인도'하는 것을 거부한 것이 아니라, '위에서' 이끄는 것을 거부했다. 오히려 루쉰은 '하인'으로서, 성실한 자기희생으로 중국 국민의 정신 개조에 힘쓴 진실한 의미의 '지도자'였다.

만년에 일본은 더욱 격렬하게 중국을 침략했다. 일본에 유학해 많은 지인이 있었기에, 애정을 가지고 있던 루쉰은 일본의 횡포를 어떤 마음으로 받아들였을까. 그중에는 일본을 적으로 돌릴 수 없다고 큰소리치는 사람도 있었다. 그러나 루쉰은 여전히 인간을 억압하는 세력과 싸우는 데에 변함이 없었다.

루쉰은 국민당이 아닌 민족통일전선을 지지했지만 조직에는 속하지 않았다. 그리고 전투가 한창일 때 갑작스럽게 죽음을 맞는다.

1936년, 만 55세였다. 너무나 이른 죽음이었다. 그도 원통했을지 모른다. 루쉰의 죽음을 기다린 듯 찾아온 중국의 대변동을 그가 살아 있었다면 어떻게 받아들였을까.

그러한 죽음에도 불구하고 루쉰은 중국의 정신적 지주가 됐다. 마오쩌둥이 이끈 신중국에서도 루쉰의 지위는 변함이 없었다. 뿐만 아니라 일본에서도 계속 광채를 발하고 있다. 루쉰의 깊은 정신은 여전히 그를 지도자로 만들었다.

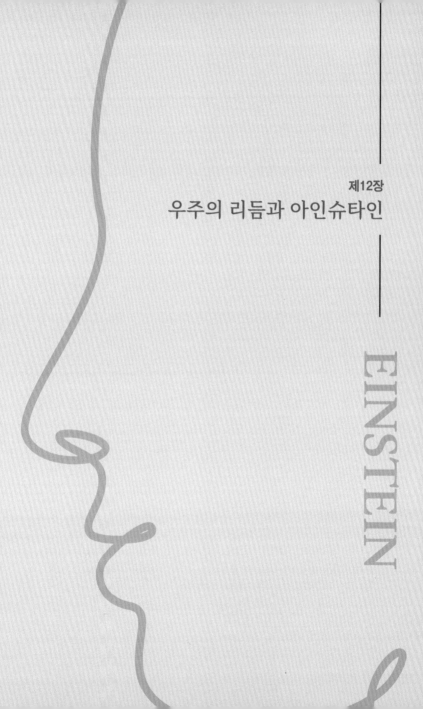

제12장
우주의 리듬과 아인슈타인

EINSTEIN

알베르트 아인슈타인(1879~1955) 독일 물리학자. 상대성 이론 개발과 양자역학 이론 발전에 중요한 공헌. 양자 이론 발전에 대한 공로로, 노벨물리학상을 받음.

1977년 12월, 월간 〈우시오〉에 게재된 내용입니다.

내 은사인 도다 조세이(戶田城聖) 선생님은 젊은 시절에 아인슈타인의 강연을 들은 체험을 가끔 그리워하며 말씀하셨다. 당시 은사는 마키구치 쓰네사부로(牧口常三郎) 선생님 슬하에서 소학교 교사로 재직하던 시절로, 아직 스물두 살의 청년이었다. 수학과 물리, 화학 등을 좋아해 교무를 보면서 연구에 몰두한 은사는 아인슈타인이 일본을 방문한다는 뉴스를 듣고 설레는 마음으로 그날을 기다렸다고 한다.

이 불세출의 물리학자는 1922년 11월 17일, 고베항에 상륙해 일본 방문의 첫걸음을 내디뎠다. 그리고 19일, 아인슈타인은 도쿄 미타에 있는 게이오기주쿠대학교 중앙대강당에서 일반 대중을 대상으로 '특수상대성이론과 일반상대성이론에 대해서'라는 제목으로 5시간에 걸쳐 강연했다. 한 해 전에 노벨물리학상을 수상하고, 세계적으로 명성을 떨친 아인슈타인의 강연에 많은 사람이 몰려들었다. 은사는 마키구치 선생님과 함께 그곳에 자리를 잡고 있었다.

마흔세 살인 아인슈타인의 목소리는 확신에 넘쳐흘렀고, 그 강연은 예술적이기까지 했다며 감탄하셨다. 물리학자로서 남긴 위대한 업적에 경의를 표하는 것은 물론이고, 그 이상으로 은사는 아인슈타인의 말과 행동에서 풍기는 인격에 깊은 감명을 받으신 듯했다. 어떤 때는 그 체험을 '일생의 행복'이라고까지 말씀하셨다.

아인슈타인의 꾸밈없는 인품에 많은 일본인이 매료된 것 같다. 당시의 일반 신문을 보면 20세기 물리학의 발전을 배경으로 다소 흥분한 분위기마저 전해지는데, 재미있는 사실은 그가 미국을 방문했을 때에도 현지 기자가 '그에게서 우주의 인격화를 보았다'고 말했다. 참으로 걸맞은 적절한 표현이며, 사람들은 아인슈타인의 말과 행동 속에서 거대한 정신을 느꼈을 것이다.

그런 추억도 있어서 내게 아인슈타인이라는 이름은 유달리 친근하게 느껴진다. 그런 만큼 그가 사망했다는 뉴스를 들었을 때 충격은 아직도 선명하게 기억하고 있다. 마침 은사의 슬하에서 분주한 나날을 보내던 무렵이었다. 나는 위대한 발자취에도 불구하고 반드시 행복했다고 할 수 없는 이 위대한 과학자에게 뭔가 남의 일 같지 않다는 생각에 깊이 명복을 기원했다.

알베르트 아인슈타인은 1879년 독일 남서부에 있는 한 중소도시에서 태어났다. '철혈 재상' 비스마르크의 전성기였다. 그의 부모님은 유대인이었다. 이 혈통이 제1차 세계대전과 나치 시절 그의 생애에 얼마나 큰 영향을 미쳤는지는 말할 나위도 없다.

소년 시절 아인슈타인은 몸도 약하고, 그다지 눈에 띄는 존재는 아니었다. 어느 쪽인가 하면 친구들과 떨어져서 혼자 생각에 잠겨 있는 때가 많았다고 한다. 과묵한 데다 말도 늦게 시작해 부모님은 신체적 결함을 걱정했을 정도였다.

다만 흔히 '세 살 버릇 여든까지'라고 하는 것처럼, 대여섯 살 무렵의 그에게서 만년의 위대한 과학자를 방불케 하는 몇 가지 에피소드가 전해지고 있다.

그중 하나는 자석 체험이다. 네다섯 살 즈음 그가 병으로 누워 있을 때 아버지가 장난감으로 작은 자석 하나를 사 주셨다. 이 자석이 어린 아인슈타인에게 미친 영향은 다소 드라마틱하기까지 했다. 자석을 어떻게 움직이든 용기 안에 있는 작은 자침(磁針)은 언제나 북쪽을 가리키고 있다. 빨리 돌려도 마찬가지다. 바늘은 필사적으로 한 점을 겨냥하고 있다. 어째서일까. ─ 아인슈타인은 60년이 지난 뒤에도 그때의 놀라움을 "나는 지금도 이 경험이 내게 깊고 영구적인 인상을 줬던 것을 기억한다"[33]고 회상한다.

훗날, 그의 눈부신 업적을 본 사람들은 이 체험, 다시 말해 공간은 단순한 무(無)가 아니라, 자침을 일정한 방향으로 향하게 하는 뭔가가 존재하고 작용한다는 감각이 나중에 여러 이론, 특히 일반상대성이론의 발견으로 깊이 연결돼 있다고 말한다. 나는 그것이 결코 과장이 아니라고 생각한다. 과학뿐 아니라 예술이나 종교 분야에서도 천부적 자질의 일부를 엿볼 수 있다는 것은 상상 이상으로 빠른 것이었다. 하지만 이렇게 말하면 아인슈타인 자신에게 천부적인 재능 같은 건 없고 다른 사람보다 호기심이 강했을 뿐이라고 말할지도 모르지만 말이다.

본디 나는 이론 물리학에는 문외한이고, 상대성이론의 어려운 전개는 알지 못한다. 그러나 뉴턴 물리학이 전제로 하던 시공간의 절대성을 초극해서 '상대성' 개념을 도입해 근본적인 변혁을 이룬 이론이라는 것은 이해할 수 있다. 에테르라는 매우 불가사의한 존재를 매장하고, 공간에 '장(場)'이라는 사고방식을 확립시켜 빛을 기준으로 한 새로운 방정식을 세웠다. 그것은 불발(不拔, 아주 든든하여 흔들리지 않음)이라고 불린 뉴턴 물리학조차 부분관으로 자리매김할 정도로, 문자 그대로 물리학 혁명을 가져다줬다.

그 물리학은 훗날 극미한 원자, 소립자 운동과 태양이나 항성 운동을 정밀하게 측정해야 겨우 증명될 정도였다. 아인슈타인의 물리학은 우주적 규모의 관점에서 주장됐기에, 이처럼 웅대한 규모로 증명된 것이다. 작은 자석의 한 점에 머물던 소년 아인슈타인의 눈이 이윽고 우주를 바라보고, 그 바탕이 되는 근원을 응시하기에 이른다. 여기에서 흥미진진한 정신 드라마를 느끼는 사람이 결코 나 혼자만은 아닐 것이다.

어린 아인슈타인을 둘러싼 두 번째 에피소드는 전쟁 혐오다. 당시는 국가주의, 군국주의가 대두한 시기였다. 아인슈타인이 성장한 뮌헨에도 군화 소리가 요란하게 울리고, 남자 아이들은 누구나 장래 군인이 되기를 꿈꿨다. 그런데도 그는 늘 '군인이 되는 것은 싫다'고 했다고 한다.

평화주의자 아인슈타인의 이름은 제2차 세계대전 이후 원수폭 반대운동으로 특히 유명해졌다. 그것은 그가 유대인이었기 때문에 모국에서 망명할 수밖에 없었던 것도 하나의 요인이기는 했지만, 그 이상으로 인간으로서의 생존 본능에 깊이 뿌리를 내리고 있었기 때문이다. "내 평화주의는 본능적인 감정입니다. 그것은 살인이 가슴 아플 정도로 싫은 것이라는 이유로 나를 붙잡는 감정입니다. (중략) 그것은 단지 모든 종류의 잔학과 미움에 대한 내 깊은 반감에 근거하고 있습니다."[34]

그는 뿌리부터 코즈모폴리턴이기도 했다. 그에게 민족이나 국가는 거의 의미가 없다. 나치에 대한 강력한 반발은 물론이고, 어렵게 시민권을 획득한 미국의 핵대국화에 대해서도 경고를 계속했다. 또 이데올로기에 얽매이지 않은 그의 눈은 사회주의 진영의 '평화를 위한 핵무장'이라는 주장에 숨겨진 기만성을 규탄해 마지않았다.

나는 그가 만년에 펼친 평화사상은 일종의 종교적 신념으로까지 승화됐다고 생각한다. 그것도 기독교적 전통이라기보다 살아있는 모든 것을 소중히 하는 동양적 발상에 가깝다. 그것은 오늘날 '아메리칸 르네상스'라고 불리는 시대를 앞장서 이끌었던 휘트먼, 소로, 에머슨 등에게도 두드러진 모습이었다. 다소 비약적인 표현이지만, 아인슈타인이 만년의 20여 년을 머물며 사색했던 프린스턴에는 휘트먼 등이 개척한 동부 자유주의의 좋은 전통이 어느 정도 흐르고 있었다고 볼 수 있지 않을까.

적어도 유카와 히데키 박사가 지적했듯이 아인슈타인의 평화에 대한 사고방식은 장대한 우주관과 마찬가지로, 종래 물질에 편중된 합리적 사고와는 이질적인 부분이 포함돼 있었을 것이다. 참고로 제2차 세계대전이 끝나고 얼마 지나지 않아 아인슈타인은 유카와 박사에게 "나도 동양인이다"라고 말해 인상 깊었다고 한다.[35]

격변으로 가득한 아인슈타인의 생애를 되짚어보는 것은 생략하자. 실제로 세계적으로 명성을 떨치면서도 아인슈타인만큼 파란만장한 일생을 보낸 과학자도 드물다. 그는 아카데미즘이라는 권위의 벽 뒤에서 세상의 풍파를 피하려 하지 않았으며, 잔꾀를 부리며 시류에 편승하는 일부 과학자와도 선을 그었다. 옷차림 따위는 조금도 개의치 않고, 미소를 띠며 더듬더듬 말하면서 만나는 사람들을 크게 감화시켰다. 물리학상에 빛나는 업적에도 불구하고 사람들에게서 뭔가를 기대하는 기색은 조금도 보이지 않았다.

러셀은 아인슈타인의 인격을 "뉴턴이나 라이프니치 같은 위대한 사람들조차도 때로는 범한 적이 있는 허영심이나 질투심 같은 악덕(惡德)의 아주 희미한 흔적도, 나는 그에게서 한 번도 본 적이 없다"[36]고 술회했다. 한마디로 말하자면, 꾸밈없는 인간 그 자체였다. 아인슈타인의 마음속은 복잡한 현상 뒤에 숨겨진 영원한 법칙에 대한 경외심과 그것을 추구하는 기쁨으로 가득 차 있었을 것이다.

나는 80년 가까운 그 생애를 관통하는 굵은 선 두 개를 발견한다. 그것은 어린 시절의 에피소드에서 시작된 진리에 대한 지향과 평화를 향한 바람이다. 게다가 이 둘은 불가분한 것으로, 그 자신의 인격 속에 깊이 융합되고 인간 아인슈타인의 외침이 돼 많은 사람의 마음을 흔들었던 것이다.

나는 그 두 선이 만나는 곳을 따라가다 보면 아무래도 그의 독특한 종교관에 도달할 수밖에 없다고 생각했다.

알다시피 그는 종교를 세 종류로 분류했다. 다시 말해 '두려움의 종교'와 '윤리적 종교' 그리고 '우주적 종교'다. 대부분의 원시종교가 속한 '두려움의 종교'는 물론 기독교, 유대교 등의 '윤리적 종교'도 그의 관심 밖이다. 아인슈타인에게 종교란 제3의 '우주적 종교' 밖에 없다. 그 우주적 종교 감각이야말로 과학정신의 동력이라고 확신한 그는 장대한 상대성원리를 가지고도 여전히 만족하지 못했다. 파우스트처럼 여전히 그 '근거'를 계속 찾았다. 파동역학이나 하이젠베르크의 불확정성원리 등이 등장하자 자주 초조함과 불안을 나타낸 것도, 만년에 학계의 유행을 뒤로하고 오로지 통일장이론 구축에 몰두한 것도 그 때문이다.

우주와 세계의 조화를 앞두고 솟아오르는 감정은 그로 하여금 끝없는 진실에 육박하도록 몰아가는 한편, 그것과 상즉(相卽)해 서로 보완하는 모종의 종교가 절실히 요청된다고 느꼈을 것이다.

삶에 성실했던 과학자 아인슈타인도 과학의 논리만으로 삶의 근거를 찾을 수 있다고는 믿지 않았을 것이다. 적어도 그가 그런 생각에서 멀리 떨어져 있었던 것은 사실이다. 인간이란 진리에 충실한 만큼 겸손한 존재일까.

그런 만큼 나는 그의 말이 참으로 무겁게 들린다. "오늘날 사회는 과학이 너무나도 발달했다. 지금 이를 잘 다룰 수 있는 새로운 정신 문명이 발달해야 한다. 이것을 나는 동양에 기대한다."

그는 1955년 4월, 일흔여섯이라는 고령의 나이로 일생의 막을 내렸다. 이후, 벌써 사반세기가 지나가려 하고 있다. 과학기술의 폐해를 부르짖는 목소리는 당시와 비교할 수 없을 정도로 높다. 바이올린을 각별히 사랑하고, 흰 머리, 온화한 얼굴에 늘 미소를 잃지 않으며 프린스턴 고등연구소에서 사색 여행을 계속하던 그의 눈에 현대의 세상은 어떻게 비칠까.

나는 그런 마음이 들 때마다 수학과 과학을 좋아하고, 아인슈타인을 경애해 마지않은 은사의 자애로운 얼굴이 떠오른다.

제13장
휘트먼의 인간 찬가

WHITMAN

월트 휘트먼(1819~1892) 미국 시인이자 수필가. 미국 민주주의 정신을 표현한 시로 '자유시의 아버지'라 불림. '나 자신의 노래(Song of Myself)'가 대표 작품.

1978년 1월, 월간 〈우시오〉에 게재된 내용입니다.

*한 아이가 두 손 가득 풀잎을 들고 와서 내게 물었다. "풀잎이
뭐예요?"*

*내가 그 아이에게 뭐라고 답할 수 있을까. 나도 그 아이처럼 그것
이 무엇인지 모르는 것을.*

나는 그것이 희망에 찬 초록 물질에서 짜낸 내 천성의 깃발이 분명
하다고 생각한다.

나는 지금, 도미타 사이카가 번역한 시집 《풀잎》[37]을 손에 들고 있다.

제2차 세계대전 이후, 책 표지가 대부분 빈약했던 시절에 보기 드
물게 질 좋은 종이에 인쇄된 휘트먼의 이 시집은 지갑을 털어 구입했
을 때부터 내 청춘의 기록이 됐다.

자유를 구가(謳歌)하고, 평등을 사랑하고, 우정을 찬양하는 말이
속사포처럼 내 가슴을 관통했다. 그것은 더 이상 말이 아니었다. 그
것은 불꽃이고, 열정이고, 풀무이고, 도가니였다. 매우 적절하게 휘
트먼 자신이 "벗이여, 이것은 책이 아니다. 이 책을 접하는 사람은 한
인간을 만나는 것이다"[38]라고 외친 것처럼, 휘트먼의 생명이 뜨거운
제트기류가 돼 종이 위에서 춤추고 있었다.

30년이라는 세월이 흐른 지금도, 이 오래된 시집은 여전히 푸릇한

새싹을 틔우고, 나를 신록이 짙은 평원에 데려가 준다.

《풀잎》— 푸릇함의 정수라고 해야 할까, 이슬을 머금고 아침해에 반짝반짝 빛나는 젊은 생명의 약동을 상징한다. 이 제목이 나는 무척 마음에 든다.

첫머리에 내건 시는 그중 '나 자신의 노래'의 한 구절이다. 아이가 풀잎을 들고 묻는다. "풀잎이 뭐예요?" 이 얼마나 적절한 질문인가. 이 얼마나 아이들이 갖기에 적합한 보물인가.

맑은 눈으로 묻는 아이의 질문은 근원적이다. 아이이기에 할 수 있는 질문이다. 불순물로 얼룩진 어른은 할 수 없다. 그러나 아이는 자신이 바로 답이라는 사실을 모른다. 대지에서 태어나 햇빛을 받으며 자라는 풀잎은 아이 그 자체가 아닐까.

화려한 관, 색색의 꽃잎, 바람을 막아주는 튼튼한 줄기의 비호. 풀잎에는 그런 장식물도 방어물도 없다. 오로지 초록빛 일색. 순수, 희망, 청신, 약동, 청춘… 그것을 모두 한 색에 담은 초록색만이 풀잎의 귀중한 옷이다. 그것을 가진 존재는 아이여야만 했다.

동시에 그것은 휘트먼의 '천성의 깃발'이기도 했을 것이다. 그는 무엇보다 자연인이었던 것 같다. 시에서 자주 자연을 노래하고 있다. 그러나 물질문명과 대치하는 완고한 자연은 아니다. 그는 인간이 만들어낸 문명에 대해서도 커다란 찬동의 뜻을 표했다. 인간을 사랑하고 인간의 영위에 탄복했기 때문이다.

대지를 사랑하고 대지에 사는 인간을 누구보다도 아끼고, 대지와 함께 있는 풀잎을 자신에 비유한 휘트먼. 그와 접하는 모든 것이, 아니, 설령 접하지 않았더라도 이 대지에 존재하는 모든 것이 그의 분신이며 그에게는 '풀잎'이지 않았을까.

월트 휘트먼. 1819년 5월 31일, 미국 뉴욕주 롱아일랜드에서 태어났다. 뉴욕만(灣)에 떠 있는 이 섬에서 휘트먼은 광대한 바다를 만났다. 쾌활한 기질과 함께 주위 사물에 대해 민감한 성격이었다. 열세 살 때 인쇄소에서 식자작업을 맡았는데 그가 지닌 정신의 열정이 그렇게 만든 것일까. 열아홉 살이 돼서는 작은 잡지를 발간하게 된다.

20대 후반, 휘트먼은 미국 대륙을 유람한다. 남부를 주로 다니면서 마주한 웅대한 산하는, 결정적으로 그에게 시를 쓰도록 부추겼던 것 같다. 신문 〈신월〉, 〈자유인〉을 펴내고, 서른여섯 살에 이르러 시집 《풀잎》 1집을 출판한다. 이때 인쇄소에서 익힌 인쇄기술이 도움이 됐다. 시집은 그가 직접 출판했다. 발표 당시 그 시가 너무나 파격적이라 조소하고 매도당한 과정을 생각하면, 만일 그가 인쇄업에 종사하지 않았다면 햇빛을 보지 못했을지도 모른다.

그만큼 그의 시는 내용도 형식도 남달랐다. 파격적이라고 해도 좋을 정도였다. 대부분의 시인과 평론가가 애송이라며 비웃었다. "시인 휘티어는 기증받은 《풀잎》을 난로에 던져 넣었다고 하며, 테니슨은 휘트먼을 '그는 일종의 괴물이다'[39]라고 평가했다"고 한다. 휘트먼은 난로 옆에 앉아서 읽는 가정적인 시와 정반대에 있었기에 당연한 일이었을지도 모른다. 그러나 그를 이해하는 사람이 있었다. 바로 에머슨이다. 에머슨은 "이것은 미국이 원래 가지고 있던 예지(叡智) 중에서 가장 탁월한 작품이다. 나는 매우 기쁘다. 나는 여기서 비할 데 없는 것을 발견한다"[40]라며, "확고하게 사람을 고무한다"고 칭찬했다.

휘트먼의 시에 정돈된 아름다움은 없다. 단어의 선택도 없는 것 같다. 번역을 통해 느낄 수 있는 것은 압도적인 정신의 거센 변화이다. 아마 원문도 마찬가지일 것이다. 휘트먼은 시를 단숨에 썼을 것이라고 짐작한다. 걸으면서, 외치면서, 포효하면서 말이 연달아 솟아나와 시가 됐다. 말의 퇴고나 형식은 감정의 흐름을 막을 뿐이다. 시집이 완성된 뒤 몇 번이나 손을 본 것은 오히려 그 시가 단숨에 쓰였음을 보여주는 듯하다.

또 한 사람, 휘트먼을 이해해주는 위대한 사람이 있었다. 이해하는 사람이라기보다 애독자였을지도 모른다. 미국 제16대 대통령인 에

이브러햄 링컨이다. 무명 변호사였을 때부터 《풀잎》에 심취해 마음에 든 구절을 낭독하고는 정신의 양분으로 삼았다고 한다. 또 나중에 대통령이 되고 나서라고 전해지는데, "백악관 창문에서 휘트먼의 당당한 뒷모습을 보고 '이 얼마나 남자다운 인물인가' 하고 찬탄했다"[41]고 한다. 링컨보다 열 살이나 어리고 명예도 지위도 없는 시인의 정신은 한 나라를 대표하는 대통령의 내면을 계속 점령했다. 정치적으로 링컨을 꼭 지지하지는 않았지만 한 인간으로서 영혼의 교류가 있었을 것이다.

링컨의 암살을 진심으로 마음 아파하며 쓴 '앞뜰에 마지막 라일락이 피었을 때(When Lilacs Last in the Door-yard Bloom'd)'도 유명한 시다.

링컨이라는 글자는 한 마디도 보이지 않는다. 그러나 분통한 마음이 행간에 서려 있어 두 정신을 이어주던 유대가 끊어진 원통함이 넘쳐흐른다.

1861년에 시작된 남북전쟁 때 휘트먼은 전쟁에 나간 동생이 부상을 입었다는 소식을 듣고 동생이 있는 곳으로 달려간다. 그 후, 병원에서 지원 간호인으로서 부상병을 간호한다. 전사로서가 아니라 간호에 앞장서 헌신했다는 사실에서 그가 지닌 인류애(人類愛)에 대한 신념을 엿볼 수 있다.

그러나 그가 하는 일은 전투원 이상의 격무였다. 죽음을 눈 앞에 둔 부상병의 수많은 탄식을 들어주고, 분주하게 뛰어다니며 동고(同苦)와 다정한 애정으로 감싸줬다. 격무가 쌓여서 훗날 병이 생길 정도였다. 얼마 지나지 않아 조금 회복했지만, 더이상 건강한 휘트먼은 없었다. 그러나 그 노고는 많은 부상병의 신뢰를 얻고, 그의 정신을 심화했으며 전쟁터에서 겪은 일들을 바탕으로 뛰어난 시를 탄생시켰다.

휘트먼이라고 하면 모자를 쓰고 길게 기른 수염이 떠오른다.

월트 휘트먼. 한 명의 외계인, 진정한 맨해튼의 자식, 시끌벅적한 분위기를 좋아하고, 기름지고, 육감적이고, 잘 먹고, 잘 마시고, 씨를 잘 뿌리는 사람, 울보가 아니고 남자들이나 여자들을 무시하는 것도 아니고, 그들에게서 초연하게 떨어져 있는 것도 아니고, 무례한 사람 이상으로 겸손하지도 않다.[42]

그의 자화상은 이와 같다. 큰 키로 위풍당당하게 활보하는 모습은 여러 사람의 눈길을 끌었을 것이다. "나는 바지 단을 장화 속에 구겨 넣고 나가서 즐거운 시간을 보냈다"[43]고 스스로 말한 휘트먼은 복장도 그다지 개의치 않았던 모양이다. 늘 검소하지만 정갈한 휘트먼의 옷차림은 사람들에게 친밀감과 애정을 얻기에 안성맞춤이었다.

하지만 나는 휘트먼의 초상에서 또 다른 면을 보았다. 그것은 그의 눈이다. 마음속에 재산이 있는 사람의 눈은 늘 어떤 빛을 머금고 있다. 휘트먼의 눈도 많은 것을 말하고 있다. 쾌활하고 사글사글한 인품이 훌륭한 노인의 모습을 뛰어넘는다.

일찍이 휘트먼을 개척기의 미국이 낳은 낙천적 시인이라고 평가하는 사람도 있었다. 확실히 남북전쟁 전에 쓴 그의 시는 이상주의를 드높이 노래하고 있다. 또 전쟁이 끝난 뒤에도 어떤 비극이 덮쳐 와도 인생을 긍정적으로 꿋꿋이 사는 자세를 관철했다. 그런 의미에서 낙천적이라고 할 수 있을지도 모른다. 그러나 그 낙천주의는 내게 비극적인 울림까지도 내포하는 것처럼 느껴진다.

휘트먼은 자신이 시끌벅적한 것을 좋아한다고 소개했지만, 그를 잘 아는 사람은 말수가 적고 침묵을 좋아했다는 증언으로 보아, 떠들썩하기만 한 사람은 아니었다는 점을 알 수 있다. 남북전쟁 이후 그의 시에서는 정신적 심화를 볼 수 있다. 시 또한 고뇌의 현실 속에 인간의 깊은 곳에서 나오는 외침을 노래했다. 그의 시는 무량한 인생의 고통과 좌절 속의 깊은 괴로움에서 우러나오는 혼(魂)의 노래로 승화됐다. 동시에 고요한 우주로 회귀하고 싶다는 바람을 품고 있다.

휘트먼의 후기 《풀잎》의 대표작에 '인도로 가는 길'이라는 시가 있다. 이것은 단순히 정신적으로 인도를 추구한 것만은 아니다. 인도를 상징하는 대우주로 환원되기를 깊이 바라고 있었다고 짐작된다. "오, 더 멀리 더 멀리 항해하라!"[44] 그의 시는 이렇게 끝난다. 삶과 죽음 ― 그는 극한의 현실 속에서도 대범하게 살며 죽음을 응시하고 있었다.

휘트먼의 눈이 그 깊이를 말해주는 것도 이 때문이 아닐까. 휘트먼만큼 눈물을 흘린 사람은 없을 것이다. 눈물을 흘릴 줄 아는 인간이 돼야 비로소 사건의 이면이 보인다. 풀잎의 아름다움, 불가사의한 자연의 섭리 그리고 무엇보다 인간의 존귀함이 다채롭게 드러나는 것은 아닐까.

'눈물'이라는 시는 또 하나의 휘트먼을 보여주는 듯하다. 이 시에 나오는 눈물은 쾌활한 통곡이나 메마른 눈물도, 싸구려 동정 따위도 아니다. '밤, 적막 속'의 눈물이고, '어둡고 쓸쓸한' 것이며, '숨을 헐떡이고 헐떡이며 울부짖는 그 고통'이다. 그리고 무엇보다 '고독'의 눈물이다.[45] 거기에는 인생의 구렁텅이를 엿본 눈물이 있다.

그 눈물 저편에서 휘트먼은 광대한 신세계를 전망한다. 죽을 고비를 넘긴 사람에게 삶의 빛이 선명하게 다가오듯, 수많은 부상병을 위해 눈물 흘린 휘트먼에게 인간에 대한 더 없이 큰, 흔들리지 않는 애정이 생겨났다고 나는 믿고 싶다. 이렇게 해서 사람의 마음속을 지진처럼 흔들어 단호히 일어서게 하는 정신의 용암류가 완성되었으리라.

그 정신의 빛은 휘트먼이 떠난 1892년. 이전보다 더욱 내 생명 깊숙이 빛나고 있다. 거기에는 생사일여(生死一如, 생사는 하나)인 극한의 인생길에 맞닥뜨려 노도와 같은 현실을 살면서, 죽음마저도 껴안은 애정의 빛이 보이기 때문이다.

— 지금 '나 자신의 노래' 마지막 부분이 눈에 새겨져 떨어지지 않는다.

내가 좋아하는 풀에서 발아하기 위해 나 자신을 땅에 맡긴다. 만일 그대가 다시 나를 원한다면, 그대의 구두창 밑에서 나를 찾아라.
당신은 내가 누구인지, 내가 무엇을 의미하는지 결코 알지 못하리라.
그러나 나는 그럼에도 불구하고 당신에게 건강을 줄 것이다.
그리고 당신의 피를 맑게 하고, 또 당신의 힘이 될 것이다.[46]

제14장

고고한 철학자 데카르트

DESCARTES

르네 데카르트(1596~1650) 프랑스 철학자·수학자·물리학자. 투렌 지방 귀족 출신으로 합리주의 철학의 길을 개척해 '근대철학의 아버지'라 불림.

1978년 2월, 월간 〈우시오〉에 게재된 내용입니다.

'사상의 영웅' ― 일찍이 헤겔은 데카르트를 이렇게 평가했다. 그러나 최근, 근대 철학의 아버지라고 불리는 데카르트에 대한 평가는 그리 좋지 않다.

지금까지도 데카르트만큼 다양하게 평가받는 철학자도 적다. 때로는 정반대의 꼬리표가 달리기도 했다. 데카르트 철학의 학리적 측면이라기 보다는 그 형성 과정에 얽힌 복잡한 데카르트의 인간상(像)이 그렇게 만드는지도 모른다.

그러나 최근 데카르트에 대한 많은 평가는 약간 느낌이 다르다. 바꿔 말하면 파국에 처한 근대 합리주의의 시조(始祖)를 표적으로 한 논란의 화살이다.

확실히 지구 규모의 환경파괴 문제는 원수폭의 위협과 함께 인류의 존망을 결정한다고도 할 수 있는 어려운 문제다. '인류는 죽음의 행진을 시작했다'는 등 섬뜩한 캐치프레이즈가 거론된 것은 몇 년 전의 일이지만, 그 행진은 여전히 끝나지 않았다.

그리고 그 밑바탕에는 자연과 인간을 대립시켜 자연을 자신의 지배 아래 두는 데만 전념해온 이원론적 사고가 깔려 있는 것도 사실이다. 대상에 대한 끝없는 지배욕과 오만, 데카르트에 따라 기선을 잡은 근대적 자아(自我)의 해방은 사해(四海)의 거센 파도에 농락당한 채 정박지조차 보이지 않는 바다를 헤매고 있다. 합리주의 시조에게 비판이 쏠리는 것도 어떤 의미에서는 당연한 일이라고 생각한다.

그런데 나는 그러한 문명사의 전환점을 볼 때마다 으레 생각하지만, 우리 현대인이 빠지기 쉬운 폐단은 자칫 현대의 눈만 가지고 과거를 판가름해 버리는 점에 있지 않을까. 그것이 너무 지나친 나머지 선인이 걸어간 길이 보여주는 선악 양면의 귀중한 교훈을 놓치는 일만은 없어야 한다고 생각한다.

딱히 데카르트를 변호하려는 것은 아니다. 내 눈은 어쨌든 그가 미지의 세계에 열심히 도전하며 살았다는 점에 쏠려 있다. 그가 살던 시대에는 사람들의 마음을 지탱하던 스콜라 철학의 기둥이 무너지고, 정신세계는 혼미한 어둠에 뒤덮여 있었다. 그 속에서 데카르트는 지식의 힘과 열정을 불태우며 살았다.

그는 《방법서설》에서 스스로를 숲 속의 나그네에 비유한다. "그들이 숲 속에서 길을 잃는다면, 물론 한 곳에 멈춰서면 안 될 뿐 아니라, 여기저기 헤매지 말고, 끊임없이 같은 방향으로 가능한 한 똑바로 걸어야 한다."[47]

그는 글자 그대로 그런 길을 걸었다. "한 가지 판단을 잘못하면 바로 처벌을 받아야 하는 결과를 가져오듯, 자신에게 중대한 일을 위해 각자가 살펴보는 추론을 해야만 훨씬 더 많은 진리를 만날 수 있을 것이다"[48]라는 신념으로 서재나 책을 버리고 계속 걸었다. 동반자를 구하지 않고 오직 홀로 ─ 거기에는 아카데미즘에 갇힌 철학자의 이미지와는 거리가 먼 전사의 풍모가 떠오른다.

나는 불법자(佛法者)로서 데카르트의 발상과 차원을 달리하는 처지에 있다. 그러나 데카르트에게 끌리는 까닭은 그의 명석함으로 알려진 철학 이상으로, 한 인간으로서 펼친 투쟁의 여운을 느끼기 때문이다. 혹은 명석한 철리(哲理)와 땀이 마구 흐르는 현실과 벌이는 고투가 표리를 이룬다는 점이다.

르네 데카르트. 이 근대 사상계의 거장은 1596년 프랑스 중부의 귀족 가문에서 태어났다. 귀족이라고는 해도 하층민에 속하고 파스칼, 코르네유 등도 같은 계층에서 나왔다. 태어난 지 얼마 되지 않아 어머니를 잃고 자신도 병약했다고 한다.

열 살 때, 창립한 지 얼마 되지 않은 예수회 계통의 라플레슈 학원에 입학했다. 거기서 스콜라학과 르네상스 휴머니즘을 축으로 하는 여러 학문을 배운다. 천성적으로 명확하고 확실한 것을 추구하는 그는 역사학 등 불확실한 학문을 싫어하고 수학을 특히 좋아했던 것 같다. 8년 동안 웬만한 학업을 끝낸 뒤, 푸아티에에 있는 대학에서 법학과 의학을 배운다.

하지만 학원이나 대학에서 배운 지식은 예리하고 혈기왕성한 이 청년을 만족시키지 못했다. 그는 스무 살에 책으로 배우는 학문을 단 념하고, '세상이라는 큰 책'[49]에서 배우기 위해 여러 나라를 순방한다. 때로는 궁정에서 놀며 논쟁을 벌이고, 때로는 군대에 몸을 담았다. 한 여성을 놓고 결투를 벌여 이긴 적도 있다고 한다. 검도 상당히 잘 썼 던 모양이다.

그리고 1618년부터 1619년에 걸쳐 데카르트의 생애를 결정짓는 획기적인 '사건'을 우연히 만난다. 신인 자연학자인 베크만과의 재회 그리고 '데카르트의 꿈'으로 알려진 지적 계시(啓示)다. 베크만과의 만남으로 어릴 때부터 좋아한 수학적 자연학을 지향하게 됐다. 확실 히 그 분야는 당시 학문계의 대세로 대두되던 분야였지만, 데카르트 의 자질은 거기서 그칠 만큼 편협하지 않았다. 왜냐하면 그는 수학자 나 자연학자 이상으로 철학자였기 때문이다.

그것을 결정지은 것이 1619년 11월 10일, 독일의 울름 교외에 있 는 난로방에 머물던 어느 날 밤 홀연히 꿈 속에 나타난 세 가지 계시 다. 그 내용은 데카르트가 세상을 떠나고 40년이 지나 발견된 수기에 서 "나는 영감에 넘쳐흘러 깜짝 놀랄 만한 학문의 기초를 발견했다"[50]

고 추측할 뿐이다.

여러 설이 있지만, 전기(傳記) 작가인 질송에 따르면 ①여러 학문 전체의 통일 ②철학과 지혜의 화해 및 그것들의 기초적 통일 ③데카르트 자신이 그 사명을 신(神)에게서 받았다는 자각 등 세 가지로 환원된다고 한다.[51] 어쨌든 그의 생애를 결정짓는 획기적인 '사건'이었음은 틀림없다.

이 정도로 중대한 일이 《방법서설》에 구체적으로 언급되지 않았다는 것은 흥미로운 사실이다. 아마도 확실한 것을 중시하는 데카르트는 그러한 신비주의 같은 체험 이야기를 좋아하지 않았을 것이다. 그러나 이탈리아의 성지인 로레토 순례와 당시 신비주의 단체인 '장미십자회'에 대한 관심 등 대체로 이 합리주의자에게 어울리지 않는 에피소드가 전해지고 있는 것으로 보아 그것이 자신에게 얼마나 중대한 내적 체험이었는지는 분명하다.

현대의 정신적 풍토에서 보면, 이러한 계시 등이 수상쩍게 느껴질지도 모른다. 그러나 나는 뛰어난 정신을 내면에서 뒤흔드는 체험에는 현대 과학으로도 설명할 수 없는 깊이가 있다고 생각한다. 소크라테스는 다이몬(신령)에 씌어 있었고, 괴테도 종종 자신을 몰아붙이며 부추기는 데모니슈(초자연적인 힘)에 대해 이야기했다. 데카르트 안에서 그러한 힘이 작용하고 있었다고 해도 이상하지 않다. 다만 그는 그것을 즐겨 말하기를 원하지 않았을 뿐이다. 그때 데카르트는 스물 세 살의 젊은이였다.

그러나 그는 신중했다. 속단과 편견을 피하고, 실제로 9년이라는 긴 시간 동안 내적인 체험을 외부와 교류하며, 경험을 통해 연마하고자 노력한다. 그동안의 정신 편력과 동요는 아마도 그가 《성찰》에서 말한 것처럼 "발을 바닥에 붙일 수도 없고 다시 수면으로 헤엄쳐 나올 수도 없는 상태"[52]였을 것이다.

그리고 1628년, 번잡함을 피해 네덜란드에서 혼자 산 그는 잇따른 사색의 실타래를 그 유명한 '코기토(Cogito)', 다시 말해 "나는 생각한다. 고로 나는 존재한다"라는 일점(一點)에 연결시켰다. 그 견고한 발판에 그는 두 다리를 버티고 섰다. 바로 '아르키메데스의 지렛대 원리'였을 것이다. 정신계의 아틀라스와 같은 그 모습은 근대적 자아의 각성을 알리는 효종(曉鐘)이며 동시에 광활한 근대 철학의 흐름을 만들 초석을 놓았다.

난로방에서 계시를 받은 이래, 9년이라는 세월 동안 일관된 것은 신의 속박에서 해방된 인간이 여전히 살아갈 기반을 끝까지 찾는 자립에 대한 의지였다. 그 고투의 발자취는 '코기토'라는 이름과 함께 영원히 인간 해방의 역사에서 사라지지 않을 것이다.

　이른바 철학의 '제1원리'를 확인한 뒤, 데카르트의 관심은 형이상학을 근본으로 하여 대부분의 학문 전반에 이르고 있다. 젊은 날의 계시에 있었던 '여러 학문의 통일'이라는 과제를 충실하게 실행하려고 한 것이지만 여기서는 생략하고자 한다.

　내가 데카르트의 사상 편력에 주목하는 가장 큰 이유는 혼돈에 직면한 그의 눈이 먼저 '내면'을 향했다는 점이다. 스스로 "운명보다는 나 자신을 이기려고 노력하고, 세계의 질서보다는 내 욕망을 바꾸려고 노력하라"[53]고 말하는 것처럼, 내면을 응시하는 것이 그의 가장 중요한 근본이었다. 바로 그러한 부분이 파스칼과 마찬가지로 데카르트가 당시의 많은 과학자나 수학자와 구별되는 점이었다. 그들이 초일류 과학자였던 만큼 이 사실은 더욱 두드러진다.

　어떤 일에 있어서 스스로를 되돌아본다는 것은 인간이라면 누구에게나 어려운 일이다. 자칫하면 혼란의 소용돌이에 휘말려 우왕좌왕을 반복하게 된다. 짙은 안개가 자욱한 시대에는 더욱 그렇다. 아테네의 소크라테스와 함께 데카르트도 다름 아닌 '너 자신'을 묻는 것에서 출발했다. 그 굴착 작업, 내면을 묻는 질문의 깊이가 이후 수백 년에 걸쳐 그가 지닌 철학의 영향력을 뒷받침했다고 할 수 있다.

하지만 그 굴착 작업이 바위 밑바닥까지 이른 것인가. 최근에 나온 심층심리학은 의식의 극한이라고 할 수 있는 '코기토'를 한층 더 꿰뚫고 나간 곳에, 더 나아가 대해와 같은 무의식, 집합적 무의식층이 펴져 있는 것을 해명하고 있다. 그것은 종으로는 인류 수천 년 역사에 통하고 횡으로는 세계까지도 감싸는 넓이라고 한다. 그에 반해 데카르트의 '코기토'는 어디까지나 자아였다. "나는 생각한다. 고로…"가 보증하는 것은 '내'가 존립하는 기반뿐이었다.

사실, 네덜란드에서 혼자 살면서 그는 철저하게 고고하고 비범한 자세를 관철했다. 군중 속을 돌아다니기는 했지만 어울리려고 하지 않았다. 조국 프랑스에서 네덜란드에 있는 그의 거처를 알고 있던 사람은 절친인 메르센뿐이었다. 데카르트의 후반생을 장식하는 논쟁 대부분은 이 메르센을 통해 이뤄졌다. 어느 날 그는 가장 친한 친구에게 이렇게 써서 보냈다. "잘 숨는 사람, 잘 산다."

다시 말해 그가 찾아낸 기반은 자기 자신만 버티고 선 기반이었다. 거기에는 '다른 사람'이 개입할 여지가 거의 없다. 본디 그는 상식과 이성이 모든 사람에게 공평하게 분배돼 있다고 믿었다. 그러나 그것이 사람들의 내면에서 어떻게 연결되고 촉발되는지에 관해서는 논하지 않았다. 거기까지 가면 무의식의 차원에서 발생하는 감성 문제가 불가피해지는데, 데카르트는 적극적으로 관심을 보이지 않았다. 예외는 친교가 있던 엘리자베스 공주, 그리고 크리스티나 여왕과 주고받은 수많은 편지와 말년에 쓴《정념론》뿐이다. 그러나 그것은 두 여성과의 사적인 관계에서 어쩔 수 없이 공개됐다.

생각건대 데카르트의 고고함은 뿌리 없는 풀과도 닮은 현대인의 병적인 고고함에서 보면 상당히 건전했다. 그의 고고함은 세상을 싫어한 염세주의자와는 거리가 멀었다. 혼자 사는 곳이라고 해도 남의 눈을 피한 산림이 아니라 매우 번화한 상업 도시 암스테르담이다. 그곳을 거점으로 그는 많은 위선들과 논쟁했다.

하지만 나는 그 교만하기까지 한 고고함이 아무래도 고독의 그림자를 끌어들인다고 생각한다. 그림자는 해가 중천에 떠 있는 동안 눈에 잘 띄지 않는다. 해가 기울고 황혼이 되면 점점 더 검고 길게 뻗어나온다.

데카르트가 살던 시대는 혼란한 세상이라고 하지만, 근대를 향해 힘차게 발전하는 발소리가 다가오고 있었다. 그 근대는 지금 너무도 무참한 모습을 드러내고 있다. 그림자는 몸의 몇 배나 뻗어나가 완전히 뒤덮으려 한다.

폴 발레리(프랑스 시인)는 데카르트의 '코기토'를 "정신의 자부심

과 용기에 '눈뜨자'고 호소하는 기상 나팔"이라고 비유한다.[54] 맞는 말
이다. 그러나 그 음색은 지금으로 말하자면 어떤 종류의 취침 나팔이
라고 할 수 있을지도 모른다. 평온한 잠 그리고 새로운 자각은 과연
올 것인가. 여기에 현대의 우리에게 주어진 최대 과제가 있다. 동시
에 그것은 그 자립과 독보적인 거장 데카르트를 향한 최고의 경의가
아닐까.

제15장

동서양을 맺은 열정, 젊은 알렉산드로스

ALEXANDROS

알렉산드로스(BC 356~323) 마케도니아 왕으로 그리스·페르시아·인도에 이르는 대제국을 건설. 그리스 문화와 오리엔트 문화를 융합시킨 헬레니즘 문화를 이룸.

1978년 3월, 월간 〈우시오〉에 게재된 내용입니다.

세계사를 조감할 때, 가장 웅대한 영토를 가진 왕으로 알렉산드로스를 제일 먼저 꼽을 수 있다. 칭기즈 칸이 이끈 몽골도 그에 못지않지만 왕 한 사람이 이룬 행적이라고 하기 어렵고, 후세의 나폴레옹도 규모가 훨씬 뒤떨어진다. 서른두 살이라는 생애 동안 마케도니아에서 페르시아를 거쳐 저 멀리 인도까지 진군한 맹렬한 기세는 유일하다고 해도 좋다.

물론 무력에 따른 침략이었다. 제2차 세계대전 이전에는 어린 학생의 피를 끓게 한 이 영웅도, 전쟁이 끝나고 평화헌법이 제정된 뒤에는 존재감이 희미해졌다. 어쩌다 알렉산드로스의 이름을 들어도 역사적 사실을 찾아보지 않을 것이다. 최근 아동용 서적에 알렉산드로스라는 이름이 씌어 있는 책을 발견하기 어려워졌다. 설령 있어도, 칭찬보다 비난의 색조가 짙은 전기(傳記)일지 모른다.

물론 그 평가는 정곡을 꿰뚫을 것이다. 수많은 희생과 퇴적된 잔혹한 행위가 알렉산드로스의 비참한 무덤이 됐다. 나도 전쟁으로 가족을 잃고 군화로 민중을 유린하는 전쟁의 어리석음을 알기에, 도저히 그 원정길을 그저 찬탄하는 눈으로 바라볼 수 없다.

절대적 권력은 다시 절대적으로 멸망하는 법이다. 알렉산드로스가 세운 제국은 아득히 먼 인류사의 도태 작용에 따라 그 모습이 남아

있지 않다. 알렉산드로스가 태어난 마케도니아도 오늘날 시골의 작은 마을과 함께 자연 속에서 조용한 나날을 보내고 있다고 한다.

스무 살 때 왕이 돼, 마치 불을 뿜듯이 12년 동안 기나긴 원정을 떠난 알렉산드로스. 하나의 거대한 연소는 조그마한 물결이 돼 저 멀리 넓은 바다로 흘러가버렸을까. 패도(覇道)의 무상함을 느끼는 것은 결코 나 혼자만이 아닐 것이다.

그러나 새로운 관점에서 다시 바라보면, 권력에 따른 지배는 사라져도 정신의 원정은 아직도 인류사에 귀중한 광원(光源)으로서 반짝이고 있다는 사실을 알 수 있다. 일찍이 간과하기 쉬운 알렉산드로스의 또 다른 유산이 새로운 빛을 내뿜는 것 같다. 이렇게 재조명하는 작업을 진행해야 비로소 한 인간의 전체 모습이 더욱 선명하게 떠오른다. 지금까지 말한 인물들과는 약간 다른 깊이가 있는 젊은 왕을 거론할 생각이 든 까닭도 그러한 관점에서 이야기하고 싶었기 때문이다.

알렉산드로스가 태어난 때는 기원전 356년이다. 철학의 먼 조상인 소크라테스 직후의 시대이고, 동양에서는 석존이 활약한 뒤였다. 이른바 철학과 종교가 여명을 맞이한 때다. 단, 예수의 탄생은 머나먼 일이고, 일본 등도 역사가 시작되기 전이었다.

알렉산드로스는 어린 시절부터 천재였다고 전해진다. 그의 천부적인 재능을 인정한 아버지 필리포스 2세는 당대 최고의 학자인 아리스토텔레스를 가정교사로 붙여줬다. 소크라테스 후계자인 플라톤의 제자 아리스토텔레스를 스승으로 삼은 알렉산드로스는 열세 살이 되기까지 3년 동안 그리스 문학, 윤리학, 정치학, 철학, 과학을 배웠다.

자연과학, 특히 의학 등에 조예가 깊은 아리스토텔레스 덕분에 거의 전반에 걸친 지식을 습득했고, 이는 훗날 전투 지휘를 하는 데 크게 도움이 됐다. 소년의 가정교사는 일부러 철학자인 왕의 사상을 제시한 《왕도론》과 식민 지배를 가르친 《식민론》을 저술해 미래의 왕에게 선사했다.

스무 살 때, 아버지 필리포스 2세가 암살되면서 마케도니아군 회의 의결로 왕위에 오르게 된다. 이 결정에 그리스 전체가 술렁이면서 반란의 징조가 보였지만, 질풍신뢰(疾風迅雷)와 같이 원정지에서 돌아와 순식간에 평정했고, 이후 연전연승하는 나날이 시작됐다.

그리스를 평정하고 발칸반도를 손에 넣은 알렉산드로스는 2년 뒤 드디어 동방 원정길에 오른다. 그 너머에는 막강한 페르시아가 있었다. 긴 역사를 자랑한 강대국은 점차 쇠퇴하고 있었지만 세 차례 커다란 전투를 치르고 나서야 비로소 무너뜨릴 수 있었다. 사선진(斜線陣) 등 독특한 전법으로 승리를 거뒀지만, 승리의 요인은 무엇보다 그가 솔선수범하는 모습을 보였기 때문이다.

장병의 선두에 선 알렉산드로스는 여러 차례 목숨이 위험한 상황에 처했다. 적 장수 두 명에게 동시에 습격을 당해 간발의 차이로 아군에게 구조된 이야기 등은 수많은 전투사의 한 장면에 불과하다. 이러한 전쟁 속에서 젊은 왕과 신하는 '벗'과도 같은 연대 의식을 길렀다.

강인한 의지와 명석한 두뇌는 아버지 필리포스 2세에게, 정열적인 성격은 어머니 올림피아스에게 물려받아 어느 전투에서도 극적인 승리를 거두며 동방원정을 이어갔다. 그러나 동방원정은 무력을 통해 우격다짐으로 제압하는 것만이 아니었다. 만약 그러한 식으로 전투를 이어갔다면 마케도니아군이 아무리 많아도 충분하지 않았을 것이다. 정예병은 왕과 함께 동방으로 향했다. 후방 지역이 반역하지 않은 까닭은 위력을 두려워했기 때문만은 아니다. 거기에는 알렉산드로스의 탁월한 점령 정책과 사람의 마음을 사로잡는 자질이 엿보인다.

용감하게 싸운 적의 장병을 용서할 뿐 아니라 자신의 친위대로 고용하고, 또 포로가 된 적장의 어머니를 왕자의 예우로 대하고, 반대로 남편의 목을 들고 용서를 구한 왕비를 사막으로 추방하는 등 의리가 깊은 왕이었다.

그뿐만이 아니다. 피정복 민족의 사상보다 한 발 앞서 있었기에 점령 정책이 성공한 것이다. 그의 스승 아리스토텔레스는 "그리스인을 대할 때는 '벗'을 대하듯이, 아시아의 다른 민족을 대할 때는 동물이나 식물을 취급하듯이 대하라"고 설했다고 한다. 당시 가장 진보적인 철학자 이소크라테스조차 "헬라스인(고대 그리스인이 자신들을 지칭하는 호칭)과 이방인의 차이는 태생이 아니라 교양에 따른 것이다"라며 그리스인의 우위를 설했다.[55]

그러나 알렉산드로스의 생각은 달랐다. "신(神)은 모든 인류의 보편적 아버지이므로 모든 인류는 동포다. 인류를 그리스인과 이방인으로 구분하지 말고, 오직 선악(善惡)으로 구분해야 한다."[56]

이러한 사상에서 다음과 같은 점령 정책이 생겼다. 프리에네에서 출토된 알렉산드로스 왕령 비문에 따르면 "이 도시는 자치(自治)이자 자유이다. 도시의 공유지와 시민의 사유지 및 사유 가옥은 기존대로 영유권을 인정한다"고 씌어 있다. 농민 등을 차별하는 사고방식이 남아있지만, 정복한 도시의 자치권을 주는 사상이 확고했다는 사실을 알 수 있다. 방법은 야만적이고 노예 제도에 입각했다. 그러나 그 발상은 당시 매우 진보적인 인류 평등에 가까웠다는 점은 주목할 만하다.

그는 재미있는 민족 융합 정책을 채택했다. 그것은 집단결혼이다. 왕 자신이 이민족 여성과 결혼했는데, 고관 80명도 각각 페르시아 귀족과 결혼하고, 나아가 장병 1만 명도 페르시아 여성과 짝을 지어줬다고 한다. 상당히 엉뚱한 방법이지만, 청년답게 자신의 생각을 솔직히 드러내 인류의 융합을 도모하려 한 것이라고 생각된다.

군대도 마찬가지였다. 페르시아 청년 3만 명을 모아 훈련을 실시하고, 자국인 마케도니아 병사와 똑같이 대우하며 페르시아인으로 구성된 근위병 군단을 만들었다. 이에 마케도니아 병사들은 화를 내며 반항했지만, 오히려 왕은 자국의 병사를 해임하고 페르시아군을 정식 근위군으로 정했다. 놀란 마케도니아 병사들이 용서를 구해 두 나라 군사의 화해가 이뤄졌다고 한다.

화해의 축하연은 마케도니아 병사와 같은 인원의 페르시아 병사 9천 명을 초대해 진행한 장대한 자리였다. 그때 거행된 양 민족 융합의 기원은 오피스(Opis)에서 진행된 '화합의 기원'으로 유명하다.

이러한 알렉산드로스의 행적을 살펴보면 그의 원정에는 인류 화합, 문화 교류라는 측면이 나타난다. 실제로 동방 원정은 인간교류,

지식탐험이라는 성격도 가지고 있었다.

알렉산드로스의 원정군에는 많은 학자가 포함돼 있었다. 미지의 지역을 측정하고, 동식물을 관찰하기도 했다. 이집트 원정 때에는 조사를 통해 나일강이 정기적으로 범람하는 까닭이 아비시니아 지방에 내리는 계절적 호우가 원인이라고 밝혀낸 점은 매우 흥미롭다.

이 원정이 헬레니즘 시대의 지리학과 생물학 등 자연과학에 크게 기여했다는 사실은 그 성격의 단편을 말하고 있는 것이 아닐까.

이처럼 전체를 보는 관점에서 그를 보면, 알렉산드로스의 대략적인 인물상이 떠오른다. 섬광과도 같은 12년의 나날을 보낸 그는, 그야말로 '전사'의 성격이 있다. 무력의 전사라는 사실은 당연하다. 또 동시에 '문화의 전사'이기도 했다는 생각이 든다.

점령지의 종교와 문화를 존경하고 깊은 이해를 보였다. 항구 건설과 국제통화 제정, 추방자 복귀령 등 넓은 관점에서 나라를 다스리고자 했다. 이 사상은 스토아학파가 등장해 체계화되고, 이윽고 로마제국으로 계승됐다.

알렉산드로스가 등장했을 때, 마케도니아는 그리스의 한 지방이었다. 그러나 그리스 문화는 결국 헬레니즘 문화를 만드는 모체(母體)가 되고, 세계 정신사의 토양이 됐다. 이러한 알렉산드로스의 사상이 훗날 등장하는 기독교 정신에 강한 영향력을 미쳤다는 의견도 많다. 뿐만 아니라 오늘날의 과학을 지탱하는 그리스의 과학 정신도 오리엔트 지방에 문화를 전한 알렉산드로스의 긴 원정에서 도움 받은 바가 크다.

명확하고 과격한 전투 때문에 알렉산드로스는 적이 많았다. 여러 차례 암살을 당할 뻔했는데, 그때마다 위기를 면했다. 그러나 떠오르는 아침해와 같이 기세 있게 전진하는 서른두 살의 청년에게 최후의 일격을 가한 것은 아마도 모기 한 마리였다. 고열에 시달려 웅대한 계획을 절반도 이루지 못하고 젊은 대왕은 쓰러졌다. 게다가 그 뒤를 이을 인재도 없었다. 천재의 비극인지도 모른다.

지휘자에게 후계자가 없는 것만큼 슬프고 쓸쓸한 일은 없다. 어디까지나 알렉산드로스는 고고(孤高)한 사람이었다.

혹은 슬프게도 그는 이미 그 사실을 깨닫고 있었을지도 모른다. 그러기에 자기 일대에서 모든 것을 이루려고 한 것일까. 꾸준하고 착실한 사상의 왕도, 평화의 왕도를 피하고 무력이라는 패도에 의지하려고 한 점에 그의 실패와 비극이 있다.

나는 알렉산드로스에게서 두 가지 그림자를 봤다. 그것은 옛 시대의 인간이라는 알렉산드로스와 미래를 향한 방향성을 가진 알렉산드로스다.

다시 말해, 알렉산드로스 일대에서 구축됐지만 그것을 끝으로 무너진 제국의 대왕으로서의 알렉산드로스. 그리고 그것이 발단이 돼 헬레니즘 문화라는 다채로운 꽃을 피우고, 동서양에서 문화의 흥륭이 일어나 로마제국이 출현하는, 세계사로 흐르는 수원(水源)으로서의 알렉산드로스다.

전자의 알렉산드로스는 죽었다. 덧없는 생애였다. 그 이름을 칭송한 군국시대도 죽었다. 그러나 문화를 흥륭시킨 사람으로서의 알렉산드로스는 아직 죽지 않았다고 생각한다. 그리고 그 이름을 평가하는, 인류 평등을 정신문명으로 추구하는 시대에, 지금 효광(曉光)이 들기 시작했다고 말할 수 있지 않을까. 그 빛이 세계를 크게 감쌀 때, 비로소 제국이 아니라 인류가 지향하는, 인간의 인간을 위한 세계국가라고 할 만한 이상향이 출현한다고 해도 좋다.

나는 문화 교류만큼 지속적이고 존귀한 작업은 없다고 생각한다. 동서양에 정신의 가교를 건너는 일이 앞으로 해야 하는, 꼭 필요하고 중요한 영겁(永劫)의 목표다. 게다가 그 주역은 한 사람의 왕이 아닌 광범위한 민중이다. 그러한 의미에서 알렉산드로스가 왕래한 길을, 반대로 정신적 유산으로 서로 교류하며 거슬러 올라가면 좋겠다는 것이 나의 꿈이다.

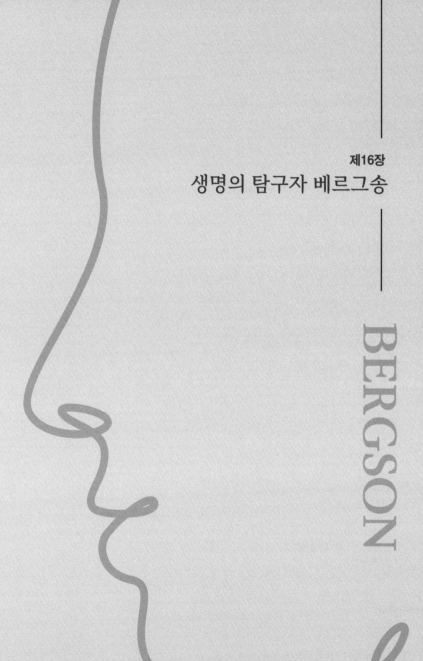

제16장

생명의 탐구자 베르그송

BERGSON

앙리 베르그송(1859~1941) 프랑스 관념론 철학자이자 직관주의 대표자. 그의 핵심 철학을 엿볼 수 있은 저서로 《의식의 직접소여에 관한 시론》,《물질과 기억》,《창조적 진화》,《도덕과 종교의 두 원천》 등이 있음.

1978년 4월, 월간 〈우시오〉에 게재된 내용입니다.

베르그송에 관한 그리운 추억이 있다.

제2차 세계대전이 끝난 지 얼마 지나지 않은 1947년 8월 초순의 어느 날, 남녀 친구 두 명이 나를 찾아왔다. 두 사람 모두 초등학교 동창생이고, 창가학회 회원이었다. 어린 시절의 이야기와 동창생의 소식 등 이런저런 잡담을 나눈 뒤 집으로 돌아가려던 한 친구가 자기 집에서 철학 이야기를 하는데 와보지 않겠느냐고 말했다. 그것도 생명철학에 관한 이야기라고 했다. 나는 반사적으로 "베르그송인가?"라고 되물었다.

그때 나는 두 사람의 입에서 처음으로 도다 조세이(戶田城聖)라는 이름을 들었다. 기꺼이 참석하겠다고 한 뒤 며칠이 지나, 잊을 수도 없는 8월 14일에 나는 친구 집에서 은사를 만났다. 이 만남이 이후의 인생을 결정짓는, 내게는 운명적이라고도 할 만한 만남이라는 사실을 알지 못한 채….

제2차 세계대전이 끝난 직후여서 당시 세상은 온통 혼미함으로 짙게 드리워진 시절이었다. 많은 청년이 그랬듯, 나도 독서 등을 통해 필사적으로 인생을 살아갈 지침을 모색하고 있었다. 몸이 약하고 가난하기도 했지만, 온 힘을 다해 책을 구해 뜻있는 친구들과 독서 모임을 결성하고 종종 격론을 벌였다. 생(生)의 철학자 베르그송도 나의 자그마한 책장을 장식한 사상가였다. 생명철학이란 말을 듣고 그의 이름을 떠올린 이유도 그 때문이었다.

원래 나는 시를 좋아했다. 에머슨과 휘트먼 등 거칠고도 분방한 생명력이 용솟음치는 시도 가까이했다. 동시에 한편으로는 베르그송 식의 정교하고 치밀하게 논증을 쌓아 올린 끝에 모습을 나타내는 창조적 생명의 영역에도 불가사의한 매력을 느꼈다. 번역의 장벽도 있어 솔직히 다 읽는 데는 어려움을 겪었다. 그러나 그 어려움은 보통 철학의 난해함이라고 불리는 것과 약간 느낌이 달랐다. 실증과학의 성과를 충분히 도입했는데, 무엇보다도 철학의 전문지식이 없어도 읽을 수 있어 감사했다.

그리고 면밀하고 유려한 문체의 이면에는 직관을 통해 파악하고 논증을 통해 순화한 흘러넘치는 생명 감각의 고양을 상찬하고 있다. 그의 주장이 철학뿐 아니라 문학과 예술 세계에도 널리 영향을 미치는 까닭도 그러한 점에 있는 것은 아닐까 생각한다.

나는 최근 철학계에서 베르그송 철학이 어떻게 평가받는지는 잘 모른다. 그러나 실증과학이라는 거친 파도가 밀려와 잠식되고 빈사 상태까지 이르고 있던 인간의 정신세계에서 고립된 보루(堡壘)를 끝까지 지키기 위해 사용한 그의 지적 영위는, '철학'이 존재하는 이상

영원히 계속 빛날 것이라고 믿는다.

19세기 중엽은 서양 과학문명이 화려하게 발전한 시기였다. 동시에 프로이센-프랑스 전쟁(보불전쟁)을 시작으로 제1차, 제2차 세계대전으로 이어지는 미증유의 동란이 막을 연 시대이기도 했다. 앙리 베르그송은 1859년 10월에 파리에서 태어났다. 아버지는 폴란드 출신 음악가이고, 어머니는 우아하고 아름다운 영국 부인이었다. 둘 다 유대인 계열이어서, 어릴 때는 유대교 교육을 받았다고 한다.

아버지에게서 예술가 특유의 예리한 직관력과 지적 판단력을 물려받았다. 어머니는 그에게 실제적이면서도 이상주의 정신과 종교적인 혼을 심어준 듯하다. 그러나 종교심의 발동은 인생 후반부에 들어선 뒤부터 볼 수 있다.

학창 시절의 그는 오로지 수학, 물리학, 고전을 가까이했다. 프랑스 철학은 데카르트와 파스칼 이후 과학과 대립하지 않고 우호적이었는데, 베르그송도 이 전통에서 벗어나지 않았다. 과학을 좋아하는 청년은 당시 철학계의 주류인 칸트주의를 신봉하지 않고, 스펜서식 사회진화론 철학에 매료됐다. 전 우주의 기계론적 설명을 꿈꿨다고 한다.

철학자로서의 기반이 세워진 때는 클레르몽페랑 시대였다. 어린 시절의 체험이라고 할 만한 순수 지속을 발견했기 때문이다. 엄격한 자기 집중을 통해 기계론의 재검토, 스펜서의 '제1원리' 시간에 대한 의문, 엘레아학파의 제논이 제시한 '날아가는 화살은 정지해 있다'는 아포리아에 대한 해명 등 사색이 사색을 불러일으켰다. 자기 자신과 벌이는 길고 괴로운 대결이었다. 그 극한에서 '어느 날', '갑자기' 직관의 희미한 빛이 반짝였다. 순수 지속, 내적 자유의 발견이자 존재와의 극적인 접촉이었다.

이 순수 지속의 발견은 이후에 베르그송의 사색 활동을 결정짓는 하나의 초석이었다. 훗날 그는 "나는 이전부터 철저한 경험주의자였다"라고 했는데, 언어를 통해 고정화된 것은 가짜 경험에 불과하다. 예를 들어 "사물 자체'에 좋아하는 이름을 붙이고 그것을 스피노자의 실체, 피히테의 자아, 셸링의 절대자, 헤겔의 '이념' 혹은 쇼펜하우어의 의지"[57] 라고 해도, 언어 그 자체는 순수 경험이 되지 못한다. 그러한 치장된 외피를 벗겨내고 '의식의 직접소여에 관한 시론'에 어떻게 다가갈지 — 이것은 베르그송이 첫 주요 저서인 《시간과 자유의지》를 집필할 때 고뇌에 찬 내적 작업이었다. 그 결과, 순수 경험으로서 순수 지속의 이미지가 마치 하늘의 계시처럼 그의 정신에 깃들었다. 그리고 순수 지속의 파악은 지성으로는 불가능하며, 단련된 예민한 철학적 직관에 따를 수밖에 없다고 정의했다.

주지주의(主知主義)라는 시대의 경향에 저항한 급진적인 지성비판은 동시에 급진적인 과학적 인식을 비판하는 것이기도 했다. 그는 정면에서 과학의 맹점을 지적한, 아마도 최초의 철학자였다. 그러나 그가 지성이나 과학을 경시한 것은 아니다. 그 역할을 정당하게 자리매김했다. 첫째, 지성은 물질을 대상으로 하는 한 유효하다. 이에 과학적 인식이 성립한다. 둘째, 지성은 생명 그 자체를 파악할 수 없다고 하더라도 직관의 사색은 불가결하다. 나아가 직관의 논리화도 불가결하다. 그는 "어떠한 철학도, 실증주의조차도 실증과학을 나만큼 높은 곳에 두지 않는다"[58]라고 단언했다.

아무튼 여기에 그의 독창적인 철학인 생명론과 과학론의 기점이 확립됐다. 그래서 그는 기존 철학을 계속 속박한 '영원한 상(相)의 아래에서'라는 관점을 배제하고 '접속의 상의 아래에서' 사람들을 매료하는 인상적인 맑고 푸른 눈을 가지고, 진실한 모습을 실제로 응시하며 사색의 여정을 떠났다. 두 번째 주요 저서인《물질과 기억》에서는 철학의 영원한 과제인 몸과 마음의 작용을 독특한 관점에서 탐구했으며, 세 번째 주요 저서인《창조적 진화》에서는 당시의 진화론을 도입해 파노라마처럼 현란하게 생명 세계를 전개했다.

확실히 당시 세계의 짜임새는 오늘날의 눈으로 바라보면, 결함이 많을지도 모른다. 생물학자인 자크 모노 등은 "내 소년 시절에는《창조적 진화》를 읽지 않으면 대학입학자격시험에 합격하기 어려웠는데, 오늘날 이 철학은 대부분 완전히 신용을 잃은 것처럼 여겨진다"[59] 라고 말했다. 이것도 하나의 견해다. 그러나 나는 베르그송도 자신의 학설이 충분하지 않다는 사실을 어렴풋이 깨닫고 있다고 생각한다. 왜냐하면《창조적 진화》를 발표한 뒤, 네 번째 주요 서적인《도덕과 종교의 두 원천》을 준비하던 그는 자신의 철학적 업적으로 후세에 남는 것이 있다면, 그것은 '학설'이나 '이론'이 아니라 '방법'이라고 집요하게 언급했기 때문이다.

그 방법이란 앞에서 말했듯이 존재의 내적 파악을 시도하는 직관, 지성이나 과학의 정밀하고 묘한 구분을 뜻한다. 게다가 그는 "과학과 철학은 대상과 방법이 다르지만 경험 속에서 서로 통한다"[60]고 기탄없이 단언했다. 여기에 얀켈레비치가 '실체의 일원론, 경향의 이원론'이라 평가한 베르그송 철학이 가진 최대 특징이 있는데, 나는 그의 방법론이 지금도 새롭고 유효하다고 생각한다.

《창조적 진화》를 세상에 발표했을 때부터 사색의 철학자는 활발하게 행동하는 사람이 됐다. 그 행동도 해외 강연, 영국 심령학회 회장

으로 추천, 도덕·정치학 학사원 의장으로 선출 등 화려한 국제적 색
채로 물들었다. 그리고 제1차 세계대전 중에는 '철학자 대사(大使)'로
서 미국에 파견돼, 여론을 일으켜 윌슨 대통령을 움직였다. 세계대전
이 끝난 뒤에는 국제연맹의 자문기관인 국제지적협력기구에 아인슈
타인과 함께 참여해 만장일치로 의장에 선출되기도 했다. 그리고
1928년에 노벨문학상을 수상했다.

그 활약은 실로 현란했다. 빛나는 영광은 질투의 불꽃을 부추겨, 그
의 철학이 논란을 불러일으킨 적도 있지만, 오히려 그런 논란이 그의
명성을 높이고 인기를 독차지하는 결과를 가져왔다고 해도 좋다. 성
공의 열쇠는 물론 철학의 독창성에도 있지만, 그 이상으로 인격 그 자
체가 사람들의 혼을 뒤흔든 점에 있었다.

강의는 '샘에서 솟아나는 듯한 신선함'으로 가득했다고 한다. 국제
위원회에서는 '베르그송 특유의 사려 깊은 눈'과 '세련되고 맑은 목소
리'로, 위원회 전원에게 절대적인 신뢰를 받았다.[61]

풍부하고 타고난 소질도 있었다. 탁월한 재능을 가진 사람이기도
했다. 그와 동시에 나는 그의 인격이 가진 힘의 원천을 생명의 근원
적 비약에서 찾고 싶다.

"최상의 창조자는 그 사람의 행동 자체가 충실할 뿐 아니라 다른 사

람의 행동도 충실하게 하는 사람이고, 그 사람의 행동 자체가 고매할 뿐 아니라, 고매라는 아궁이에 불을 지펴 불타오르게 하는 사람"[62]이라고 그는 말했다. 이 말은 생애 인간을 믿고, 도그마(독단)와 편견과 계속 싸운 베르그송이라는 사람과 겹쳐지는 느낌마저 든다. 《도덕과 종교의 두 원천》은 류머티즘이 연속해서 일어나는 격투 속에서 집필했다. 영광의 인생에도 늙음이라는 그림자가 드리우기 전에 질병이 발작해 행동의 자유를 빼앗기고 말았다. 그래도 늙은 철학자는 감연히 마지막 창조를 향해 나아갔다. 인간학의 완결이었다. 이미 종교적인 혼은 되살아났다.

제2차 세계대전이 일어나기 전날 밤이었다. 그는 닥쳐오는 볼셰비즘과 나치즘의 위협을 각각 무신론과 닫힌 종교의 귀결이라고 파악했다. 살인병기는 지적 분석의 악마적 산물이었다. 물질적 욕망의 분출과 쾌락을 향한 광란. 그러면서도 그는 인간을 계속 믿었다. "나는 역사에서 말하는 숙명을 믿지 않는다. 충분히 긴장되고 의지가 있는 상황에서 적시에 행동한다면 어떤 장애라도 물리칠 수 있다. 따라서 피할 수 없는 역사적 법칙은 없다"[63]라는 확신을 뒷받침한 것이야말로 《창조적 진화》의 '사랑의 비약'에서 비상한 정신의 고양이었다.

사랑의 비약을 이룬 철인은 인류애를 향한 열정에 마음이 움직여

회생의 방도를 호소했다. 흉포해지는 과학문명을 제어하려면 거대한 정신 에너지를 축적해 정신문명을 흥륭시키는 방법 이외에는 없고, 이를 위해 요구되는 인간의 삶은 동적 종교에 따른 단순한 생(生)이라고 말했다.

《도덕과 종교의 두 원천》과 그 이전의 저서 사이에, 일종의 사색 과정의 격차가 있다고 지적하는 경향도 있는데, 나는 그렇지 않다고 생각한다. 그의 철학은 개념이나 논리의 견고함을 자랑하지 않고, '살아가는 일이 가장 중요하다'는 생의 규칙을 따르고 있다. 그는 '심안(心眼)'을 단련해 직관의 저변에 "무언가 단순한, 무한히 단순한, 유별나게 단순하기에 철학자가 아무리 노력해도 잘 전하지 못하는 것"을 계속 바라보고, "철학을 하는 것은 단순한 행위"라고까지 단언했다.[64] 동적 종교에 따른 단순한 생이란 그의 사색에 충실한 귀결이라고도 할 수 있지 않을까.

베르그송은 그 동적 종교의 최고봉을 기독교 신비주의에서 찾았다. 불교에 관해서는 명백하게 인식이 부족했다는 사실을 부정할 수 없지만, 나는 그가 신비주의라는 것의 특질을 "행동, 창조, 사랑"[65]이라고 말한 사실에 주목한다. 신비주의는 그렇다 치고, 종교적 생에서 나오는 행동과 창조, 사랑의 동적 에너지야말로 물질·과학문명이 전환되는 귀중한 지표가 될 수 있다. '철저한 경험주의자'가 경험의 무한한 깊이를 거기까지 파고들었다는 사실에 나는 공경하는 마음을 금할 수 없다.

1941년 1월, 이 진지한 철학자는 영원히 여행길에 오른다. 마지막까지 《물질과 기억》의 한 구절을 중얼거렸다. 거기서 도달한 사후존속의 확신을 이리저리 생각한 것일까. 죽음이 다가오는 발소리를 들으며 "나는 강한 호기심으로 죽음을 기다리고 있다"라고 말했다. 유대인이라는 이유로 장례식도 올리지 못했다. 나치가 점령한 엄동의 파리였다. 그러나 얼어붙은 대지를 깨부수는 듯한 그의 혼의 외침은 틀림없이 혼미한 어둠이 깊어질수록 사람들 마음속에서 메아리칠 것이다.

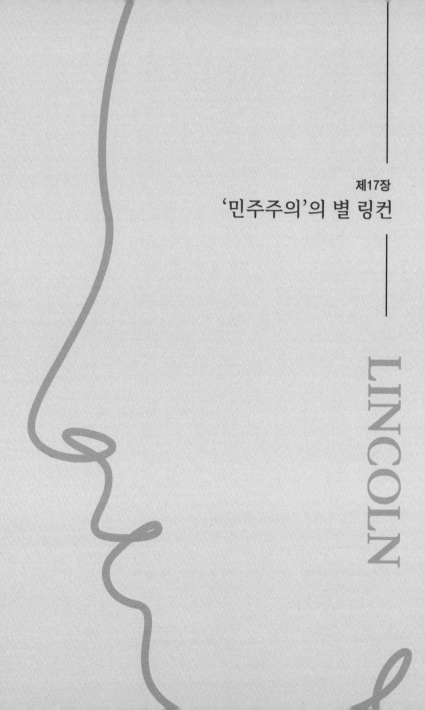

제17장
'민주주의'의 별 링컨

LINCOLN

에이브러햄 링컨(1809~1865) 미국 제16대 대통령, 독학으로 변호사가 된 이후 일리노이 주의회 의원으로 선출. 남북전쟁이란 위기에서 연방을 보존했고 노예제를 폐지.

1978년 5월, 월간 〈우시오〉에 게재된 내용입니다.

오, 힘을 숨기며 서쪽으로 떨어진 별!

오, 밤의 그림자 — 오, 우울해진 눈물의 밤!

오, 그 모습을 숨긴 위대한 별 — 오, 그 별을 감추는 어두운 암흑

1865년 4월 14일, 암살자의 흉탄에 쓰러진 에이브러햄 링컨을 추
도해 정열의 시인 휘트먼은 이와 같이 몹시 애석한 마음을 담아 시를
보냈다.[66] 당시 사람들의 심정도 이와 비슷했을 것이다.

역사 회전의 중요한 한 장면이었다. 남북전쟁이 끝나고 며칠 만에
일어난 일이었다. 연극이라면, 이처럼 비극적인 죽음도 없다. 그것이
상승효과를 가져온 것일까. 켄터키주의 통나무집에서 장신에 깡마
른 몸매를 가진 제16대 대통령은 이른바 미국의 역사에서 입지전적
인 영웅이 됐다. '정직한 에이브', '노예 해방의 선구자', '남북전쟁의 빛
나는 별', '유능한 장군이자 탁월한 정치가' — 어느 열광적인 지지자
들은 그가 통나무집에서 태어난 것을 예수 그리스도가 마구간에서
탄생한 일에 빗대어 인격의 고결함을 선양했다.

어디까지가 실상이고 어디까지가 허상일까. 최근에는 여러 논의
를 불러일으키는 것 같은데, 아무튼 링컨이라는 이름은 제1대 조지
워싱턴, 제3대 토머스 제퍼슨 등 미국 건국의 아버지들과 이름을 나

란히 하여 미국 민주주의 역사에 눈부시게 빛나는 별이라는 점은 부정할 수 없는 사실이다.

어느 소년이 지인에게서 《워싱턴전》을 빌렸다. 밤늦게까지 읽다가 통나무 벽 틈 사이에 끼워 놓고 잠들어 버렸다. 그런데 한밤중에 큰 비가 내려 소중한 책이 흠뻑 젖고 말았다. 책 주인에게 가서 사과를 했지만 용서해주지 않았다. 어쩔 수 없이 3일 동안 여물을 베서 변상했다. 그동안 소년은 《워싱턴전》을 언제라도 꺼낼 수 있을 정도로 외웠다. '워싱턴과 벚나무' 이야기와 함께 링컨의 소년 시절을 장식하는, 너무나 유명한 일화이다. 일본에서도 어렸을 때 누구나 한번은 들어본 이야기일 것이다.

소년 링컨은 비할 데 없는 독서가였다고 한다. 아버지는 목수와 농업으로 생계를 이어갔다. 어머니와 어릴 때 사별했다. 다행히도 계모인 사라는 훗날 그가 '소중한 절친이자 천사 같은 어머니'[67]라고 그리워할 정도로 인품이 좋았다. 가난했기 때문에 초등학교는 약 1년밖에 다니지 못했다. 그러나 서적을 가지고 있다는 사람이 있으면 아무리 먼 곳이라도 찾아갔기에, 이웃 사이에서 "사방 20리에서 링컨이 읽지 않은 책은 없다"[68]는 소리를 들을 정도였다.

그렇다고 해서 방에 틀어박혀 있기만 한 것은 아니었다. 일가의 생계를 거들기 위해 들판에 나가 농사에 힘썼다. 또 때로는 과일을 채집하고, 때로는 사냥 등도 하며 분주히 다녔다고 한다. 열여덟 살이 되자 오하이오주에 흐르는 앤더슨강에서 나룻배 사공으로 일하며, 타고 내리는 손님들과 교류해 '사회학'을 깊이 있게 배웠다. 그는 견줄 사람이 없을 정도로 도끼를 잘 다뤘다. 훗날 백악관에 들어갔을 때도 무거운 농작업용 도끼를 수평으로 어깨 높이까지 들어 올려 사람들을 놀라게 했다.

대초원에서 지낸 생활은 확실히 강인한 체구를 만들고, 그의 내면 깊이 진취적 기상이 넘치는 개척자 정신을 심어줬다. 그것은 미국 민주주의의 골수이기도 했다.

박식하고 야성적인 이 청년은 1834년, 약관(弱冠) 스물다섯 살에 염원한 정계 진출을 이뤘다. 일리노이 주의회 의원으로 당선돼, 이후 8년에 걸쳐 재직했다. 그 사이 1837년에는 독학으로 변호사 자격을 취득하고, 주의 중심도시인 스프링필드에서 친구와 협력해 사무실을 개업하며 수많은 사건을 담당했다. 결백하고 정직하며, 공평하고 설득력 있는 웅변은 '서민의 편'으로서 점점 신뢰를 모았다. 이러한 시대 경험이 그가 가진 정치가로서 타고난 자질에 크게 박차를 가했다.

뜻밖에도 당시 미국 사회를 뒤흔드는 최대 난제였던 노예해방에 관해, 그는 오히려 온건파였다. 원래 너무나도 불평등한 이 제도에 처음부터 비판적이었다. 워싱턴이나 프랭클린의 전기를 애독한 그가 독립선언에 담긴 "우리는 다음과 같은 사실을 명백한 진리로 인정한다. 모든 사람은 평등하게 태어났고, 창조주는 양도할 수 없는 권리를 부여했으며, 생명권, 자유권, 행복 추구권은 이러한 권리에 속한다"[69]라는 건국 이념과 현실의 노예제도의 모순을 몰랐을 리 없다. 링컨도 이 제도의 비인도성을 일찍부터 감지해서 1847년부터 1849년에 걸친 합중국의원 시대에는 적극적으로 해방파에 가담하기도 했다. 참고로 그의 출신지인 켄터키주는 이른바 '노예주'였다.

그러나 그가 즉각 노예제도 폐지를 외치는 급진파와 다른 점은 급진적인 주장이 북부의 자유주와 남부의 노예주의 대립을 결정적으로 격화시켜, 미국을 구할 수 없는 분열과 혼란에 빠뜨리는 사실을 우려했다는 점이었다. 그가 대통령 후보로 지명된 1858년 6월 공화당대회에서 진행한 수락 연설에서 "'분열된 집은 올바로 설 수 없다.'[70]나는 이 정부가 절반의 노예주, 절반의 자유주로 지속될 수 없을 것이라고 믿는다"[71]라고 말한 이야기는 유명하다. 그러한 의미에서 링컨은 영국의 윌리엄 글래드스턴과 마찬가지로 숙달된 정치가이고, 동시에 18세기 민족주의의 '자식'이었다고 해도 좋다.

그러나 지명 수락 연설의 내용은, 동시에 노예제도의 '존속'인지 '폐지'인지라는 양자택일을 강요하는 의미도 포함하고 있었다. 링컨 자신은 그 정도까지 의식하지 않았을 지도 모르지만, 대세는 그렇게 움직였다. 1860년에 그의 대통령 취임이 기정사실화되자 반노예제도 세력이 커지는 것을 우려한 사우스캐롤라이나주가 연방을 이탈하고, 이어서 남부의 6개 주도 이에 동조해서 1861년 2월에 남부연합국을 결성하기에 이른다.

그해 4월, 남부연합국이 섬터 요새를 포격하면서 남북전쟁이 발발해 미국은 건국 이래 최대 위기에 돌입했다.

남북전쟁의 경위는 생략하지만, 그 와중에서 그는 "만약 어떤 노예도 해방시키지 않고 연방을 구제할 수 있다면 나는 그렇게 하겠습니다. 그리고 만약 모든 노예를 해방시킴으로서 연방을 구제할 수 있다면 나는 그렇게 하겠습니다"[72]라고 말했다. 또 전쟁을 결단할 때도 남부의 여러 주가 그다지 격렬하게 저항하지 않고 단기전으로 끝난다고 예상했다고 한다. 그러나 저항은 예상외로 완강했고, 당연히 남북전쟁은 노예해방을 둘러싼 성전(聖戰)의 색채가 짙어졌다. 링컨은 챔피언이었다. 사태가 이쯤 되자, 그도 뜻을 정해 세계 역사에 유명한 '노예해방선언'을 공포했다. 1863년 1월 1일에 실시를 단행했다.

확실히 현대의 눈으로 보면, 그의 자세는 미온적이고, 결단이 너무 늦었다는 관점도 있을지 모른다. 그러나 나는 링컨이 오래 전부터 주장한 내용, 그리고 관대하고 유혈 사태를 좋아하지 않는 성격에서 보면, 아슬아슬한 양심에 따른 선택이었다고 생각한다. 당시 상황은 링컨 이외에 누군가가 손을 쓰더라도, 그보다 더 좋은 처방을 내릴 수 없지 않았을까.

사실 그는 전례를 깨고 백악관에서 흑인 방문단을 접견하기도 했다. 또 흑인 친구도 많았다. 남북전쟁의 와중에 《톰 아저씨의 오두막》을 쓴 작가 해리엇 비처 스토 부인이 백악관을 방문했을 때, "그렇다면, 당신이 이 거대한 전쟁을 일으킨 책을 쓰신 자그마한 여인이시군요"[73]라며 유머러스하게 말했다는 훈훈한 일화도 전해진다.

아마도 남북전쟁과 함께했던 4년간의 대통령 재임 기간이 관대, 온정, 정직 등의 단어로 상징되는 그의 자질을 더욱 강인하게 단련했을 것이라고 생각한다. 위대한 인격은 고난을 만날 때마다 그 빛을 더하는 법이다. 대통령 취임식을 위해 사반세기를 보낸 스프링필드를 떠날 때, 그는 "언제 돌아올 수 있을지, 과연 다시 돌아올 수나 있을지 알 수 없습니다. 워싱턴에 맡겨진 사업보다도 더 어려운 사업을 앞두고 떠납니다"[74]라는 결별의 말을 남겼다. 그의 예감대로, 그는 유해가 돼 4년 뒤 고향으로 돌아왔다. 그동안 불어 닥친 거센 물결은 확실히 그의 상상을 초월했다.

오늘날 전해지는 링컨의 초상이나 사진을 보면 넓은 이마, 높은 코, 예리하고 따뜻한 눈빛, 마르고 갸름한 얼굴은 총명한 두뇌와 강인한 의지 속에 어딘가 걱정에 잠겨 있다. 휘트먼이 "일종의 특별한 피부색, 그 주름, 눈, 입가, 표정, 전문적으로 말하는 미(美)라는 것은 어디에도 없다. 그러나 위대한 예술가의 눈에는 다시 얻기 힘든 연구 대상이고, 기쁨이고, 또 큰 매력일 것이다"[75]라고 평가했듯이, 그 걱정은 언제나 결단을 강요받고 온갖 고생을 겪은, 이른바 경계선 위를 걸으며 살아온 인간에게서 자연히 나오는 경험의 깊이라는 생각이 든다. 나는 "마흔을 넘은 인간은 자기 얼굴에 책임을 져야 한다"라는 링컨의 명언을 떠올릴 때마다, 다름 아닌 그의 '얼굴'을 떠올린다.

뿐만 아니라, 그의 얼굴은 일종의 종교적 색채를 띠고 있다는 생각마저 든다. 얼굴만이 아니다. 역사에 남은 그의 많은 명언은 정치의 차원을 초월해 종교적 사명감을 짙게 띠고 있다. 그는 격전지인 게티즈버그에서 불후의 연설을 남겼다. "우리 앞에 남겨진 큰 과업을 위해 여기에서 바쳐야 할 것은 오히려 우리 자신입니다. 그것은 명예롭게 전사한 사람들이 마지막까지 온 힘을 다해 신명을 바친 위대한 대의를, 그들의 뒤를 계승해 우리가 더 한층 헌신을 결의하고자 (중략) 또 이 국가로 하여금 신(神)의 가호 아래 새로운 자유를 탄생시키기 위해 그리고 국민의, 국민에 의한, 국민을 위한 정치를 지상에서 사라지지 않게 하기 위해." 나아가 두 번째 대통령 취임 연설에서는 "어느 누구에게도 악의를 품지 말고, 모든 사람에게 자애의 마음을 가져 신이 우리에게 제시하신 정의를 굳건히 지키며, 우리가 착수한 사업을 완수하기 위해"[76]라고 말했다.

이러한 연설에 나타나는 어조는 분명하게 종교적 사명감이다. 필그림 파더스(메이플라워호에 승선해 신대륙으로 건너간 청교도 무리) 이래의, 또 제퍼슨 등 건국의 아버지 이래의 것이다. 그것은 로버트 벨라가 말하듯이 "미국 전통에 매우 깊이 숨어있는 하나의 테마, 다시 말해 신의 의지를 지상에서 실현하는 집단적, 개인적 의무"[77]이자, 일이 있을 때마다 지적받는, 미국 민주주의의 복원력이라고 불리는 것도 여기서 유래한다고 한다. 남북전쟁은 그 전통이 직면한, 최대 시련이었다. 그 전란 속에서 자신의 몸을 불살라 전통을 새로운 소생으로 향하게 만든 한 사람이 링컨이었다. 그의 연설이 극도로 종교색을 강하게 나타내는 것은 당연한 일일지 모른다.

또 그를 예수 그리스도에 견주거나 그의 생애가 필요 이상으로 신

화화, 전설화되는 이유도 거기에 있다. 당시, 그리고 이후 사람들도 그가 한 말들 속에서 성서의 말과도 비슷한, 구세(救世)와 회생(回生)의 울림을 들었을 것이라고 확신한다. 링컨은 아마도 그것을 의식하지는 않았겠지만, 미국 민주주의의 정신을 회생시키는 장대한 역사 드라마의 주역을 연기했다.

그는 인간을 사랑하고, 동포애를 외쳤다. 그러나 그것은 관념적, 추상적인 코즈모폴리터니즘(세계주의)과는 다르게 불굴의 실천 속에서 나온 외침이었다. 좋든 싫든 미국 전통에 확실하게 뿌리내린, 살아있는 인간의 목소리이기도 했다.

남북전쟁 이래 100여 년, 링컨이 체현한 전통 정신은 얼마나 명맥을 유지하고 있을까. 그것을 판별할 정도로, 나는 미국의 사정을 잘 알지 못한다. 워터게이트사건 때, 건국의 아버지 시대로 돌아가라고 소리 높여 외친 모습을 보면 아직 그 정신은 살아있을지도 모른다. 그러나 베트남전쟁이라는, 정신사적(精神史的)으로는 남북전쟁 이래의 큰 시련이 수백 년의 전통과 사명감을 크게 더럽힌 것도 사실이다. 링컨이 오늘날 살아 있다면 그 얼굴에 떠오른 걱정은 결코 사라지지 않았을 것이다.

나의 20대 시절이었던가. 라디오에서 "나는 노예가 되고 싶지 않다. 그러니 노예를 부리는 입장이 되고 싶지도 않다"는 취지의 링컨의 말이 흘러나온 기억이 있다. 후쿠자와 유키치의 "하늘은 사람 위에 사람을 만들지 않고, 사람 아래 사람을 만들지 않는다" 는 말과 함께 계속 방송하고 있었다. 이러한 위대한 연민과 인간애가 인류의 머리 위로 떠오를 날을 보는 것은 언제일까.

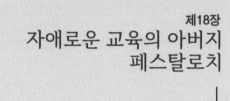

제18장

자애로운 교육의 아버지
페스탈로치

PESTALOZZI

요한 하인리히 페스탈로치(1746~1827) 스위스 교육자이며 사회비평가. 평등성을 전제로 한 가정교
육과 국민 대중교육의 이념은 현대국가 교육의 초석이 됨.

1978년 6월, 월간 〈우시오〉에 게재된 내용입니다.

대략 30년도 더 지난 일이지만, 나는 페스탈로치에 관해 글을 쓴 적이 있다. 〈소년일본〉 편집을 담당하던 스무 살 안팎의 나이였다. 나를 신앙의 길로 이끌어준 도다 조세이(戶田城聖) 선생님 슬하에서 일했는데, 선생님은 원래 교육자셨다. 직접 만나지는 못했지만, 선생님의 스승인 마키구치 초대 회장도 초등학교 교장이셨다. 마키구치 선생님은 페스탈로치의 새로운 교육법을 높이 평가하셨다.

나는 두 분에 비하면 페스탈로치에 대해 문외한이지만, 보통과는 다른 인연을 느끼며 무의식중 붓에 힘을 실어 단숨에 원고를 쓴 기억이 있다. 시간이 지나, 두 스승의 발자취를 걸어가는 나는 소카학원과 소카대학교를 설립했다. 청춘 시절에 쓴 서투른 글도 그 업인(業因) 중 하나가 됐는지 모른다.

지금 교육계의 아버지라고도 할 만한 페스탈로치의 전기를 다시 읽으면, 제2차 세계대전이 끝나고 종이도 충분하지 않던 황폐한 시대에 오로지 내가 소년에게 희망을 보낸다는 기쁨 하나로 일하고 원고를 쓴 일이 떠오른다. 그리고 무엇보다도 페스탈로치의 인간성이 어느샌가 은사의 모습과 겹쳐 보여 열정적으로 말했다.

"곤두선 머리카락, 붉은 반점으로 뒤덮인 얼굴, 손질하지 않아 찌르는 듯한 수염, 넥타이는 없고 양말은 양말대로 구두 위에 떨어져 있

고, 그 양말 위에 늘어진 단추 풀린 바지, 비틀비틀 종종걸음으로 걷
는 모습 (중략) 아름다운 선율을 울리는가 하면, 혹은 우레와도 같이
울려 퍼지는 말을 꺼내는 아주 못생긴 사람을 상상해보라. 그러면 너
희는 우리가 아버지 페스탈로치라고 부른 사람의 모습이 떠오를 것이
다."[78]

여덟 살 때 페스탈로치의 학교로 입학한 역사가의 표현은 결코 편
견에 따른 것이 아니다. 작가 페르노브가 "얼굴은 추하고 두창 자국
이 있고"[79]라고 말한 인상이나, 페스탈로치 부인인 안나가 "자연이 당
신에게 커다란 검은 눈동자를 주지 않았다면, 당신은 자연으로부터
혜택을 받지 못했다고 생각해도 좋을 것입니다"[80]라고 말한 위로의
말을 인용할 필요도 없다.

그의 '못생김'은 용모만이 아니다. 세상 물정도 서투름 그 자체였다
고 한다. 악필이고, 발음도 부정확하고, 분석적 지식에 대한 무관심,
수학에 대한 극단적인 무지, 서투른 그림과 음악, 전혀 하지 않은 독
서 등 '서투르다'는 단어로 상상되는 대부분의 요소를 그는 갖추고 있
었다. 물론 경영과 정치적 수완 등은 전혀 없었고, 학교를 와해시키
는 일 등은 이상한 일도 아니었다.

그가 교육에 관해 쓴 저서도 형식에 얽매이지 않았고, 문자와 언어

의 기성 개념에 속박되지 않는 표현은 비전문적이고 비학술적이라고 비난을 받았다. 실제로 '교육을 심리화한다'는 내용을 오랫동안 '교육을 기계화한다'라고 표현해도 개의치 않는 일 등이 종종 있었다.

아무리 봐도 서투른, 교육에만 왕성한 정열을 보이는 사람이 어떻게 해서 교육계에서 '자애로운 아버지'라고 추앙을 받는 존재가 됐을까. 나는 거기에서 인간교육의 진수를 생각했다.

하인리히 페스탈로치. 1746년, 취리히에서 외과 의사이자 안과 의사인 아버지 요한 밥티스타와 어머니 수잔나 사이에서 태어났다. 여섯 살 때, 약간의 유산을 남기고 아버지가 세상을 떠났다. 모든 즐거움을 포기한 어머니는 궁핍한 생활을 지탱했다. 그 헌신을 통해 아들 페스탈로치는 인간의 상냥한 감정과 구극의 신뢰를 배웠다. "나의 어머니는 (중략) 온갖 어려움을 감내하며 세 아이의 교육을 위해 희생하셨다."[81]

그가 교육의 중점을 '마음'에 두고 가정교육, 특히 어머니의 역할을 중요하게 여긴 것은 자신의 경험을 바탕으로 어머니의 역할이 중요하다고 생각했기 때문이다. 살아 있는 자를 살아 있는 자 자체로서, 다시 말해 사회적 재능과 조건, 육체적 소질로 가치를 발견하지 않고 한 사람의 인간으로서 사랑하는 사상의 원점은 어머니의 따뜻한 체온에 있었다.

어린 페스탈로치에게 영향을 준 사람이 한 명 더 있다. 취리히에서 십여 킬로미터 떨어진 헹크의 목사인 할아버지였다. 방학을 헹크에서 보낸 페스탈로치는 어린 시절, 교구의 병자와 가난한 사람을 방문하는 할아버지를 따라다니며 서민생활의 실태를 접하고 비참함을 알게 됐다. 훗날, 슈탄스 등에서 고아와 빈민 아이들을 모아 교육했는데, 빈민에 대한 강한 공감은 어린 시절의 경험이 없었다면 조성되지 못했을 것이다

상냥한 마음, 서민에 대한 애정은 그것을 유린하는 부당한 힘을 향한 끝없는 분노를 불러일으켰다. 페스탈로치에게 불의를 증오하는 마음은 다른 사람보다 강했다. 초등학생 때 이미 장난으로 불의를 저지른 조교사를 구타하고, 교육을 해치는 악덕을 폭로하는 투서를 보내기도 했다. 취리히의 인문대학교에서도 특권계급을 혐오했으며 《에밀》의 저자 루소에게 유죄판결을 내린 제네바 정부에 격하게 저항했다. 그 결과, 전공으로 선택한 법률의 길을 단념하고 페스탈로치는 농민이 돼 땅으로 돌아갔다.

노이호프에서 농업을 일으켰지만, 천성인 '서투름' 때문에 재산을 탕진하고 실패하는 데 7년도 걸리지 않았다. 그러나 안나와 결혼하

고아들 야코프의 탄생을 계기로 점차 교육자로서 횃불에 불을 켰다. 자기 자식을 대상으로 교육 실험을 거듭한 그는 농업이 파탄에 이른 노이호프에서 빈민 아동을 위해 빈민학교를 만들겠다고 다짐하고, 빈민 아동 스물다섯 명을 받아들여 교육을 시작했다.

페스탈로치는 이렇게 생각했다. "사람들의 비참함을 없애려면 그들이 스스로 얻은 것이 아닌 것을 주는 '자선(慈善)'은 전혀 그들을 위한 일이 아니다. 결국은 불행을 커지게 하는, 일시적인 완화제에 불과하다. 예를 들어, 통증을 일시적으로 완화하는 마약과도 같다. 그들의 내면에 있는 것을 통해 자립하고, 사회에 공헌하는 힘을 육성하는 일이 최선의 방책이다."

그러나 여기서도 페스탈로치는 경영면에서 실패한다. 무일푼과 병든 몸만 남았다. 그러나 정신적인 면에서는 더욱 깊이를 더해, 사람들의 깊은 마음속에 지우기 어려운 인상을 주었다. 이는 그에게 승리에 가까웠다. 프랑스혁명의 여파로 발생한 전쟁의 영향으로, 절망과 고독의 페스탈로치에게 고아 169명과 빈민 아동 237명이 맡겨졌다. 정부의 간절한 요청을 받은 페스탈로치는 쉰세 살에 슈탄스로 가서 또 다시 교육을 위해 에너지를 쏟았다.

여기 한 장의 그림이 있다. 화가인 콘라트 그로프가 슈탄스에서 페스탈로치와 고아들을 그린 그림이다.

예의상으로라도 딱 맞는다고 말하지 못할 옷을 입은 페스탈로치가 의자에 앉아 있다. 등에 올라탄 아이는 손을 앞으로 뻗어 페스탈로치에게 매달리고 있다. 조금 더 큰 아이에게 안겨 있는 어린아이의 손을 커다란 왼손으로 잡고 말을 건네는 특징적인 눈빛이 거기에 있다. 아이도 페스탈로치를 동그랗고 귀여운 눈으로 쳐다보고 있다.

그 곁에는 아이들이 있다. 이가 아픈지 천을 얼굴에 두른 남자아이, 맨발로 앉아 있는 여자아이, 뒤쪽에서 떠들썩하게 장난치는 아이들…. 그야말로 '자애로운 아버지'의 모습을 볼 수 있다.

학교 선생님이 아니다. 페스탈로치가 어린아이인 것이다. 그의 교육법은 아이들의 생명에 들어가 그 빛을 이끌어낸다. 아니, 그것은 이미 '교육법'이라는 형식조차 아니었다. 그의 '인생' 그 자체였다. 사람들에게 괴이하고 이상하다는 소리를 듣고 경멸을 당해도 그의 진실은 조금도 물러서지 않았다.

고상한 척하는 지식 교육이 아이들에게 흥미의 문을 열고 지혜의 보물창고를 안겨줄 수 있을까. 하지만 페스탈로치에게는 그것이 가능했다. "보통의 지식 대신에 그는 대부분의 교사가 알지 못한 점, 다시 말해 인간의 정신, 그 발달의 법칙, 인간의 애정, 거기에 생명을 주고 드높이는 방법을 알고 있었다."[82] 그는 다른 모든 부분은 부족했지만, 아동의 재능을 꽃피우는 천재였다.

그러나 여기서도 그는 불운했다. 슈탄스의 고아원은 이듬해 프랑스군의 병원으로 몰수됐다. 그 뒤, 부르크도르프의 학교장이 되고, 이어 뮌헨부흐제와 이베르돈으로 옮겨다녔다. 교육에서도 불후의 명성을 얻어 후계자와 지원자도 잇따라 나타나는데, 어디를 가도 그의 순수함으로는 세간의 교활한 거친 파도를 건널 수 없었다. 그의 인생은 험난하고 실의밖에 주어지지 않는 듯했다.

그러나 인생의 존귀함과 인간의 위대함을 겉모습의 성공과 실패만으로 헤아릴 수 없다. 그가 세상 물정에 서투르고 옹졸한 까닭은 그러한 것을 원하지 않았기 때문이며, 세속의 평판 따위는 안중에 없었기 때문일 것이다. 가난 때문에 움츠린 어린이의 마음에 인생의 풍요로움을 길러주고, 고독에 짓눌린 고아에게 희망이 깃든 사실을 아는 일보다 페스탈로치를 기쁘게 하는 보상은 없었을 것이다.

1800년, 부르크도르프 학무위원회가 페스탈로치에게 보낸 문서가 있다. "귀하의 학생은 이 과업을 과거에 없는 완성도로 달성했을 뿐 아니라, 그들 중 가장 우수한 자는 이미 글을 잘 쓰는 사람으로서, 화가로서, 계산가로서 매우 뛰어나다. 귀하는 모든 아동에게 역사, 박물, 측량, 지리 등에 대한 취미를 불러일으키고 자극하는 방법을 알고 있다."[83]

페스탈로치에게 촉발된 아이들이 자유롭고 씩씩하게 성장하는 모습이 눈에 떠오른다.

그의 교육법은 분석이 아니라 직관을 중요하게 여겼다고 한다. 정식 교안이 없고, 학생들도 책이나 공책을 들고 다니지 않았다. 암기할 것도 전혀 없었다. 석판과 붉은 분필을 주고 페스탈로치가 다양한 사물에 관해 이야기하면 아이들이 그림을 그렸다. 무엇을 그려도 괜찮았다. 아이들의 흥미를 부풀리고 자신의 사상을 표현하게 했다. 이처럼 전례 없는 방법이 교육의 심리화라는 그의 사상을 따르는 것이었다.

예를 들어, 지리를 가르칠 때 땅 그 자체를 관찰하고 그 후 지도 공부에 들어간다. 박물학은 산책하며 현장에서 학습했다. 학교 시간표에 체조시간을 채택한 사람도 페스탈로치다. 몸과 마음 전반에 걸친 전체 교육이라고 해야 할까.

아이들은 무엇을 통해 배우는가. 결코 강제적으로 배우지도 않고, 이념에 따라 배우지도 않는다. 그저 흥미가 있어서 배우는 것이다. 언어를 통해 배우지 않고 인상으로 배운다. 수동적으로 배우지 않고,

자신이 획득해서 배운다.

극단적일 수 있지만, 페스탈로치는 이 점을 계속 응시했다. 인생의 다른 모든 부분에서 실패한 그는 아동 교육의 진수라고 할 만한 이 한 가지는 성공했다. 이 하나의 등불이 교육계에서 보지 못한 들판을 비추는 광원이 됐다. 표면에서 보는 그의 생애는 불행과 절망의 연속이었다. 그러나 나는 그의 내면 깊은 곳에서 아이들과 미래를 바라보고 말하는, 눈부시게 빛나는 승리의 찬가(讚歌)를 듣는 듯하다.

1827년 2월 17일, 우인과 가족이 지켜보는 가운데 입가에 미소를 띠며 교육의 아버지는 여든한 살의 생을 마감했다. 유언대로 마을 어린이들이 장례 행렬에 참여했다고 한다.

1	사카모토 도쿠마쓰, 《간디 진리의 투쟁과 인도 해방》, 세이분당 신코우사
2	시클롭스키, 《톨스토이 자서전》(하), 가와사키 도오루 옮김, 가와데쇼보신사
3	로맹 롤랑, 《톨스토이의 생애》, 에비하라 도쿠오 옮김, 이와나미문고
4	〈잡아함경 제23〉《대정신수대장경》제2권, 대정일체경간행회
5	《불법(佛法) 동과 서》, 동양철학연구소
6	《나의 불교관》, 제삼문명사
7	《아소카왕 비문》, 제삼문명사, 레굴루스 문고
8	H.G. 웰스, 《세계문화사대계》, 기타가와 사부로 옮김, 다이토우각
9	H.G. 웰스, 《세계문화사대계》수록 아소카왕 비문, 기타가와 사부로 옮김, 다이토우각
10	H.G. 웰스, 《세계문화사대계》, 기타가와 사부로 옮김, 다이토우각
11	H.G. 웰스, 《세계문화사대계》, 기타가와 사부로 옮김, 다이토우각
12	하세가와 지아키, 《베토벤》, 이와나미신서
13	하세가와 지아키, 《베토벤》, 이와나미신서
14	앙드레 모루아, 《빅토르 위고의 생애》, 쓰지 도오루·요코야마 쇼지 옮김, 신초사
15	앙드레 모루아, 《빅토르 위고의 생애》, 쓰지 도오루·요코야마 쇼지 옮김, 신초사
16	《타고르 저작집》4, 미타 미노루 옮김, 아폴론사
17	《타고르 저작집》4, 미타 미노루 옮김, 아폴론사
18	《타고르 저작집》7 수록 '길 잃은 새', 미야모토 마사키요 옮김, 아폴론사
19	에릭 베르겐그렌, 《노벨 전기》, 마쓰타니 겐지 옮김, 하쿠스이사
20	《세계시인전집1 괴테 시집》, 오야마 데이이치 옮김, 신초사
21	《세계시인전집1 괴테 시집》, 오야마 데이이치 옮김, 신초사
22	《발레리 전집》8 수록 '괴테 송', 사토 마사아키 옮김, 지쿠마서방

23   《괴테와의 대화》, 진보 고타로 옮김, 가도카와서점

24   《플라톤 전집》 14 수록 '서간집', 나가사카 고이치 옮김, 이와나미서점

25   《레오나르도 다빈치의 수기》, 스기우라 민페이 옮김, 이와나미문고

26   《레오나르도 다빈치》, 시모무라 도라타로 옮김, 게이소서방

27   《야스퍼스 선집》 Ⅳ 수록 '레오나르도 다빈치', 후지타 세키지 옮김, 리소사

28   《레오나르도 다빈치의 수기》, 스기우라 민페이 옮김, 이와나미문고

29   《레오나르도 다빈치의 수기》, 스기우라 민페이 옮김, 이와나미문고

30   《아Q정전·광인일기 타 12편》, 다케우치 요시미 옮김, 이와나미문고

31   《아Q정전·광인일기 타 12편》, 다케우치 요시미 옮김, 이와나미문고

32   《아Q정전·광인일기 타 12편》, 다케우치 요시미 옮김, 이와나미문고

33   B. 호프만, H. 두카스, 《아인슈타인》,
     시즈메 야스오·하야시 이치쿄 옮김, 가와데쇼보신사

34   야노 겐타로, 《아인슈타인전》, 신초사

35   《아인슈타인 선집》 3 수록 '아인슈타인과 나', 유카와 히데키 감수, 교리쓰출판

36   《Einstein on peace》, edited by Otto Nathan and Heinz Norden,
     Estate of Albert Einstein, Schocken Books

37   《휘트먼 시집》, 도미타 사이카 옮김, 아사히신문사

38   《휘트먼 시집》, 도미타 사이카 옮김, 아사히신문사

39   《휘트먼 시집》, 시라토리 쇼고 옮김, 야요이서방

40   《휘트먼 시집》, 시라토리 쇼고 옮김, 야요이서방

41   《휘트먼 시집》, 시라토리 쇼고 옮김, 야요이서방

42   《휘트먼 시집》, 도미타 사이카 옮김, 아사히신문사

43   《휘트먼 시집》, 도미타 사이카 옮김, 아사히신문사

44　《휘트먼 시집》, 도미타 사이카 옮김, 아사히신문사

45　《풀잎》, 아리시마 다케로 옮김, 이와나미문고

46　《휘트먼 시집》, 도미타 사이카 옮김

47　《방법서설》, 오치아이 다로 옮김, 이와나미문고

48　《방법서설》, 오치아이 다로 옮김, 이와나미문고

49　《방법서설》, 오치아이 다로 옮김, 이와나미문고

50　노다 마타오, 《데카르트》, 이와나미신서

51　다케다 아쓰시, 《데카르트의 청춘》, 케이소서방

52　《세계의 대사상 I-7 데카르트》, 마스다 게자부로 옮김, 가와데쇼보신사

53　《방법서설》, 오치아이 다로 옮김, 이와나미문고

54　《발레리 전집》9 수록 '데카르트에 대한 고찰', 노다 마타오 옮김, 지쿠마쇼보

55　《세계대백과사전》'알렉산드로스 대왕' 항목 〈아와노 라이노스케〉,
　　헤이본사 소장

56　《세계대백과사전》'알렉산드로스 대왕' 항목 〈아와노 라이노스케〉,
　　헤이본사 소장

57　《철학의 방법》, 고노 요이치 옮김, 이와나미문고

58　《철학의 방법》, 고노 요이치 옮김, 이와나미문고

59　《우연과 필연》, 와타나베 이타루·무라카미 미쓰히코 옮김, 미스즈출판사

60　《철학의 방법》, 고노 요이치 옮김, 이와나미문고

61　단노 야스타로, 《베르그송(사상학설전집1)》, 게이소서방

62　《세계의 명저 53 베르그송》 수록 〈의식과 생명〉,
　　이케나베 요시노리 옮김, 주오공론사

63　《도덕과 종교의 두 원천》, 히라마야 다카시 옮김, 이와나미문고

64 《철학적 직관》, 고노 요이치 옮김, 이와나미문고

65 《도덕과 종교의 두 원천》, 히라야마 다카시 옮김, 이와나미문고

66 《미국고전문고 5 월트 휘트먼》, 다키타 나쓰키 옮김, 겐큐출판사

67 벤저민 토머스, 《링컨전》(상), 사카니시 시호 옮김, 지지츠신사

68 이시이 미쓰루, 《링컨》, 오분사

69 《인권선언집》, 사이토 마코토 옮김,
    다카기 야사카·스에노부 산지·미야자와 도시요시 편집, 〈이와나미문고〉 소장

70 마가복음 3장 25절

71 《링컨 연설집》, 다카기 야사카·사토 히카루 옮김, 이와나미문고

72 《링컨 연설집》, 다카기 야사카·사토 히카루 옮김, 이와나미문고

73 칼 샌드버그, 《에이브러햄 링컨》 2, 사카시타 노보루 옮김, 신초사

74 《링컨 연설집》, 다카기 야사카·사토 히카루 옮김, 이와나미문고

75 이시이 미쓰루, 《링컨》, 오분사

76 《링컨 연설집》, 다카기 야사카·사토 히카루 옮김, 이와나미문고

77 《사회변혁과 종교윤리》, 가와이 히데카즈 옮김, 미라이사

78 로제 드 귐프(Roger de Guimps), 《페스탈로치전》,
    신보리 미치야 옮김, 가쿠게이도서

79 후쿠시마 마사오, 《페스탈로치소전》, 곤톤샤

80 후쿠시마 마사오, 《페스탈로치소전》, 곤톤샤

81 《페스탈로치 전집》 12 수록 '백조의 노래', 사토 마사오 옮김, 헤이본사 소장

82 《페스탈로치 전집》 12 수록 '백조의 노래', 사토 마사오 옮김, 헤이본사 소장

83 《페스탈로치 전집》 12 수록 '백조의 노래', 사토 마사오 옮김, 헤이본사 소장

나의 인물관

초판 1쇄 | 2024년 7월 3일
3쇄 | 2025년 1월 26일

지은이 | 이케다 다이사쿠

발행인 | 박장희
대표이사 | 신용호
제작총괄 | 김홍균
편집 | 여경미
디자인 | 이정상

발행처 | 중앙일보s(주)
주소 | (04513) 서울특별시 마포구 상암산로 48-6, 12층
출판등록 | 2008년 1월 25일 제2023-000039
판매 | 02-2031-1022
홈페이지 | jmplus.joins.com

ⓒ 이케다 다이사쿠, 2024

ISBN 978-89-278-8034-9 03120